Gary L. Thomas

Woran sieht man, dass du glaubst?

14 Wege, den Glauben zu leben

BRUNNEN
VERLAG GIESSEN · BASEL

Titel der amerikanischen Originalausgabe:
Not the End but the Road. The Journey Towards a Virtuous Life

Übersetzung aus dem Amerikanischen:
Renate Hübsch

www.brunnen-verlag.de
Umschlagfoto: Premium, Düsseldorf
Umschlaggestaltung: Ralf Simon
Satz: DTP Brunnen
Herstellung: St.-Johannis-Druckerei, Lahr
ISBN 3-7655-1377-6

Inhalt

Einführung

Viele Christen plagen sich mit einer tiefen Unruhe oder zumindest einer Unzufriedenheit herum. Sie sind unzufrieden mit sich und damit, dass sie die Wirklichkeit Gottes in ihrem Leben immer weniger erfahren. Kann ich wirklich ein anderer Mensch werden? Kann ich mich ändern? Wie kann ich die Gegenwart Gottes in meinem Leben stärker erfahren?

Das Neue Testament lässt keinen Zweifel daran: Gott will uns den Platz in seiner Schöpfung zurückgeben, der ursprünglich für uns bestimmt war, den wir aber verspielten. Er will uns zu seinen Söhnen und Töchtern machen (Johannes 1,12.13). Er rettet uns nicht nur, er will uns auch im Kern unseres Wesens erneuern – dort, wo es um unsere Überzeugungen, inneren Einstellungen und Motive geht. Wir sollen wieder werden, wozu wir geschaffen sind: Ebenbilder Gottes. Wir sollen Gottes Wesen spiegeln.

Aber Gott ist unsichtbar. Woher sollen wir wissen, ob wir anfangen, ihm ähnlich zu sein – vielleicht nur in sehr wenigen Zügen?

Schauen Sie sich Jesus an. Er zeigt uns, wie Gott ist. In seiner Persönlichkeit, in seinem Charakter – in Eigenschaften wie Demut, Geduld, selbstloser Liebe … sehen wir das Wesen Gottes. Seit frühester Zeit haben die Christen sich bemüht, Jesus nachzuahmen, seinem Vorbild ähnlich zu werden (Epheser 5,1). Es ging ihnen darum, sich in ihrem Charakter verändern zu lassen und in die inneren Haltungen und Eigenschaften hineinzuwachsen, die sie an Jesus beobachteten.

Durch die Jahrhunderte hindurch haben Christen verstanden: Gott arbeitet an uns, aber unsere Sache ist es, an dieser Veränderung mitzuarbeiten. Persönlichkeit ergibt sich nicht von selbst; sie will geformt werden. Wie kann das geschehen? Indem wir täglich ganz bewusst unsere inneren Haltungen und Motive von Gott formen lassen. Indem wir unsere tief sitzende Selbstbezogenheit aufbrechen lassen und uns durch Gott und seinen Geist bestimmen lassen, der in uns die Eigenschaften hervorbringen will, die wir an Jesus sehen. Allmählich wird so in unserem alltäglichen Verhalten etwas von Gottes Wesen sichtbar werden. Wir können tatsächlich vor den Menschen „unser Licht leuchten lassen" (Matthäus 5,16), wie Jesus es gesagt hat. Und wir werden seine Gegenwart in unserem Leben nicht mehr vergeblich suchen.

Kapitel 1

Auf dem Weg

„Das christliche Leben ist nicht ein Frommsein, sondern ein Frommwerden, nicht ein Sein, sondern ein Werden, nicht eine Ruhe, sondern eine Übung. Wir sind's noch nicht, wir werden's aber. Es ist nicht das Ende, es ist aber der Weg. Es glüht und glänzt noch nicht alles, es reinigt sich aber alles."

MARTIN LUTHER

Die Bekehrung ist nur der *Anfang* des christlichen Lebens. Die meisten von uns haben wohl naiv gehofft, dass sich in den Tagen und Wochen direkt nach diesem Glaubensschritt eine große Umwandlung ereignen würde. Aber wir haben schnell entdeckt, dass sofortige Veränderungen ausblieben, oder dass sie sich zwar kurz zeigten, uns aber ebenso schnell wieder entglitten.

Die Wahrheit ist: Erneuerung ist ein *Prozess.* Unsere Seele wird gründlich umgegraben und mit etwas Neuem angefüllt, bis auf dem Gelände unseres früheren Lebens ein gänzlich neues Leben errichtet ist. Wir brauchen diesen Prozess. Wir brauchen es, dass Gott uns – Menschen, die sich festgefahren haben in alten Gewohnheiten, die gefangen sind im lebendig Totsein der Langeweile oder der Bedeutungslosigkeit, die besessen sind von ihren Besitztümern – dass er uns nimmt und uns durch ein langes Wunder der geistlichen Umgestaltung befreit. Dass er uns erlöst von uns selbst und unserer Selbstbezogenheit. Wir brauchen es, dass er die Aspekte unseres Charakters, an denen wir uns wund reiben, ausgräbt und sie durch eine wohltuende

Lebendigkeit ersetzt, dass er letztendlich eine neue Persönlichkeit in uns schafft – das Leben Jesu in uns, das uns verheißen ist.

Wir haben es nötig, dass Gott uns befreit – von uns selbst und unserer Selbstbezogenheit.

Gott hat uns geschaffen, damit wir sein Bild tragen. Jeder Mensch spiegelt einen besonderen Aspekt von Gottes ureigenem Wesen wider. Und Gott brennt darauf, uns von uns selbst zu erlösen und neue Menschen aus uns zu machen. C. S. Lewis lässt seinen Fachmann für Verführungskünste Screwtape in *Dienstanweisung an einen Unterteufel* feststellen: „Wenn [Gott] davon redet, dass seine Geschöpfe sich selbst verlieren sollen, dann meint er damit nur, dass sie das Geschrei ihres Eigenwillens lassen sollen. Haben sie das einmal getan, gibt er ihnen tatsächlich ihre ganze Persönlichkeit zurück und verkündet (und das aufrichtig, fürchte ich), dass sie, wenn sie erst ganz ihm gehören, mehr sie selbst sein werden als je zuvor."[1]

Versuchen Sie für einen Moment, sich vorzustellen, wie es wäre, wenn Sie ein Mensch wären, der mit dem Mitleid Jesu handelt, der die Geduld aufbringt, die Gott mit uns hat, der unterscheiden kann, der sanft ist, aber zugleich souverän, der nichts anderes will, als mit seinem Leben den Willen und die Absicht Gottes zu erfüllen. Dies ist genau das Leben, das Jesus Ihnen ermöglichen möchte. Er möchte Sie in einen Menschen verwandeln, der motiviert ist von dem, was schön, nicht von dem, was lustvoll ist; von dem, was großzügig, nicht von dem, was selbstsüchtig ist, von dem, was edel, nicht von dem, was unaufrichtig ist, von dem, was schöpferisch ist – nicht zerstörerisch.

Wollen Sie ein solcher Mensch werden? Wenn ja – hier ist ein bewährter und biblischer Weg, durch den dieses Bild Gottes in Ihnen wieder zum Vorschein gebracht werden kann.

Übungen wollen geübt sein

Jahrhundertelang haben die großen Lehrer der Christenheit vermittelt, wie „die Tugenden Christi“ eingeübt werden können. Sie meinten damit die innere Ausrichtung und das Verhalten, die an der Person und im Leben Jesu deutlich werden – eine Orientierung auf einen reifen Charakter. Die Väter des Glaubens gingen nicht davon aus, dass das „neue Leben“ sich plötzlich in einem Menschen zeigt, wenn er zum Glauben kommt. Sie wussten, dass es wachsen muss – in einem allmählichen Prozess der inneren Umgestaltung des Herzens.

Der Bekehrung, die einen Anfang im Glauben setzt, muss das Erlernen einer entsprechenden Geisteshaltung und Lebenspraxis folgen. Genau darauf zielt die Einübung in die Grundhaltungen, die Jesus verkörpert. Natürlich ist das Heil etwas, das uns ausschließlich aus Gottes Gnade und ohne jedes menschliche Bemühen zuteil wird (Römer 9,16): Aber „in Christus zu wachsen“ erfordert das Zusammenwirken von Gott und Mensch (vgl. 1. Johannes 3,3; Philipper 2,12.13). Athleten und Bodybuilder trainieren regelmäßig, um ihren Körper zu formen. Christen können ihren Geist „formen“, indem sie sich in christliche Grundhaltungen einüben. Frömmigkeit, ein Leben, das der Berufung durch Gott entspricht, entsteht nämlich nicht plötzlich und nicht dadurch, dass wir ein schnelles Gebet sprechen, durch das wir unser Leben Gott unterstellen.

Der Bekehrung muss das Erlernen einer dem Glauben entsprechenden Geisteshaltung und Lebenspraxis folgen.

Die christlichen Grundhaltungen – früher auch Tugenden genannt – bezeichnen innere Haltungen und Verhaltensweisen, die sich im Leben Jesu erkennen lassen. Wir handeln im Geist Jesu, wenn wir uns entscheiden, lieber zu dienen als zu herrschen oder zu manipulieren, lieber freundlich zu sein als aufbrausend. Das sind Verhaltensweisen, zu denen wir uns entscheiden können.

Das Gegenteil, früher „Laster“ genannt, ist unser natürliches „altes

Leben". Es erwächst daraus, dass das Ego den Ton angeben darf. In einem selbstherrlichen Leben regieren Zorn, Selbstsucht, Selbstüberschätzung, Anmaßung. Das Laster gibt dem Ego die Macht: „Ich tue, was *ich* will; ich schaffe mich selbst nach meinem Bild." Die Tugenden führen zu geistlicher Gesundheit; ein Leben aus dem Ego ist wie ein geistliches Krebsgeschwür, es verzehrt uns von innen heraus.

Ein Leben aus dem Ego ist wie ein geistliches Krebsgeschwür, es verzehrt uns von innen heraus.

In der christlichen Tradition sah man die Tugenden von alters her als die Herzenshaltungen an, die Jesus selbst lebte. Es sind Wege, eine gelingende Beziehung zu Gott und den Menschen zu bauen. Geistliches Wachstum wurde daran gemessen, inwieweit ein Christ in seiner Persönlichkeit reifer und Christus ähnlicher wurde – nicht nur daran, wie viel theologisches Wissen er erworben hatte. Und eine wirkliche Veränderung, die von Dauer sein soll, erwächst, so wussten die Väter, nur aus einem erneuerten und umgestalteten Herzen.

Eine belastete Geschichte

Leider ist die Praxis der Einübung in christliche Tugenden oder Grundhaltungen belastet. Es gab Zeiten, in denen die Ideale christlichen Lebens nur dazu missbraucht wurden, Menschen abhängig und klein zu halten und ihnen Schuldgefühle einzupflanzen. Oder einzelne Übungen, wie Bußfertigkeit oder Demut, wurden als kirchliche Strafen verhängt. Wir kennen die Auswüchse der Selbstkasteiungen, die das Mittelalter hervorbrachte. Welch ein tragisches Missverständnis von Übungen, die keineswegs nur äußerlich praktiziert werden wollen, sondern die vom innersten Kern unseres Wesens ausgehen und es uns ermöglichen wollen, dem Gefängnis der Selbstbezogenheit zu entkommen.

In besseren Zeiten verstanden die Christen, dass der sehr konkrete Weg einer Einübung in bestimmte Grundhaltungen des Herzens ein wichtiges Werkzeug für die Vertiefung ihrer Beziehung zu Gott darstellte. Unsere Väter wussten: Wenn ein Mensch sich bekehrt, entspricht sein tatsächliches Leben und Verhalten noch längst nicht dem Ideal eines christlichen Lebens. Schon der gesunde Menschenverstand sagt uns, dass schlechte Gewohnheiten nicht über Nacht verschwinden, und dass gute Gewohnheiten Zeit brauchen, bis sie uns in Fleisch und Blut übergehen.

Wenn man heute von Tugenden spricht, glauben die Leute, man rede einer freudlosen, tristen, zwanghaften Lebensweise das Wort. Das tugendhafte Leben ist nicht sehr in Mode; man versteht darunter in erster Linie etwas, was uns einschränkt: „Tugend bedeutet: Alles, was Spaß macht, ist verboten." Die Christen früherer Zeiten wussten dagegen: Die biblischen Tugenden ermöglichen ein gutes Leben – sie zeigen uns auf, was aus uns werden kann: ein Mensch, der Christus ähnlich ist.

Die biblischen Tugenden sind ein Wegweiser zu einem guten Leben – sie zeigen uns auf, was aus uns werden kann.

Christus möchte ein neues Leben in uns entfalten. Dieses Leben gründet sich nicht auf Gebote und Verbote. Es gibt auch keinen exakten Maßstab für „geistliche Leistungen" und „geistlichen Erfolg" – etwa, wie oft und wie erfolgreich Sie anderen von Ihrem Glauben erzählen, wie oft und wie lange Sie die Bibel lesen, wie oft Sie zum Gottesdienst gehen. (Es gilt sogar: Wenn Sie die Einübung in geistliche Grundhaltungen nur als „Pflichterfüllung" verstehen, dann haben Sie ziemlich anstrengende Zeiten vor sich.) Das Leben, das Christus in uns zur Entfaltung bringen möchte, ist ganz sicher nicht abhängig von unseren Bemühungen. Es geht nicht darum, sich mit anderen zu vergleichen. Sie können die besten Absichten haben – wenn es nicht Gottes Kraft ist, die Sie vorwärts zieht, dann wird Ihnen das ganze Unternehmen „geistliches

Wachstum" bald unmöglich erscheinen. Sie werden es als drückende Last empfinden.

Die christlichen Tugenden sind so etwas wie Gottes Werkzeuge, mit denen er aus dem Material unserer Persönlichkeit das Bild seines Sohnes „herausschnitzt". Das geht langsam, aber sicher. Wenn wir dieses Leben in uns entdecken, dann erfahren wir, was Jesus meinte, als er sagte: „Ich bin gekommen, damit du das Leben findest, das Leben in Fülle" (Johannes 10,10).

> *Die christlichen Tugenden sind Gottes Werkzeuge, mit denen er aus dem Material unserer Persönlichkeit das Bild seines Sohnes „herausschnitzt".*
>
> Gary Thomas

Kapitel 2

Gottes Gegenwart im Alltag erfahren

Versuchen Sie niemals, Ihren Brüdern etwas aufzuzwingen. Die Gnade kann mehr.

QUELLE UNBEKANNT

Eine Einübung in die christlichen Tugenden ist eine Art Schnellstraße zur Erfahrung der Gegenwart Jesu in meinem Leben.

GARY THOMAS

Ich hatte eine anstrengende Vortragsreise hinter mir und freute mich auf ein bisschen Entspannung während des Rückflugs. Zunächst etwas verärgert, dass ich keinen Fensterplatz mehr bekommen hatte, zwängte ich mich in einen Sitz im Mittelgang zwischen einem recht beleibten Herrn und einer älteren Dame und holte den Roman aus der Tasche, der mir die Flugzeit verkürzen sollte. Ich hatte mich noch nicht einmal angeschnallt, als die Dame fragte: „Leben Sie in Kalifornien?" „Nein", sagte ich. „Es war eine Geschäftsreise."

Sie strahlte eine tiefe Freundlichkeit aus. Eine richtig liebenswerte Großmutter. Ich war müde und schielte nach meinem Buch, das mir etwas Ablenkung versprach. Aber ich wollte nicht unhöflich sein …

„Oh, Sie wollen sicher lesen", entschuldigte sich die Dame, die meinen Blick wohl bemerkt hatte.

Ich lächelte kurz und schlug mein Buch auf. „Ich habe nicht mehr viel Gelegenheit, mich einmal zu unterhalten“, sagte sie. „Seit mein Mann vor fünfzehn Jahren starb …“

Ihre Worte trafen mich wie ein Schlag. Ich war müde, voller Selbstmitleid über einige Schwierigkeiten, in denen ich steckte, und beanspruchte selbstsüchtig, gefälligst in Ruhe gelassen zu werden. Aber … konnte es nicht möglich sein, dass ich nicht zufällig auf diesen engen Sitz im Mittelgang platziert worden war, der mir gar nicht behagte? War es nur ein Zufall, dass ich neben dieser alten Dame saß? War es nicht sehr gut möglich, dass Gott hier einen Auftrag für mich hatte? Da war ein Mensch, der einen anderen Menschen brauchte, der ihm zuhörte …

„Oh, es tut mir Leid, dass Ihr Mann verstorben ist“, sagte ich und steckte das Buch zurück in die Tasche. „Haben Sie Kinder?“

Sie lächelte erfreut und unser Gespräch nahm seinen Lauf. Ich erfuhr eine Menge über ihr Leben, was sie beschäftigte, worum sie sich sorgte. Der Roman blieb eine Verlockung, aber ich entschied mich dafür, diese Frau neben mir zu sehen, die es gerade nötig hatte, einmal ihr Herz ausschütten zu können.

Gott hatte eine Aufgabe für mich und ich habe mich entschieden, dafür zur Verfügung zu stehen.

Als der Flug zu Ende ging und ich das Flugzeug verließ, geschah etwas Überraschendes. Ich stellte fest, dass mich ein ungewohntes Gefühl erfüllte – ich fühlte mich heiter, erholt, belebt und – erhaben. Ein einfacher Akt der Annahme dessen, was Gott mir in den Weg gestellt hatte, wurde zum Eingangstor in eine innere Realität, in der ich die Gegenwart Jesu fast schmecken konnte; seine Nähe war mir deutlich spürbar und das Bewusstsein seiner Gegenwart in mir war irgendwie erneuert.

Was war passiert? Ich sehe es so: Ich hatte mich der Situation überlassen, weil ich davon ausging, dass sie nicht zufällig zustande gekommen war, sondern dass Gott hier eine Aufgabe für mich hatte. Ich hatte mich entschieden, mich nicht nur von meinem persönlichen Bedürfnis nach etwas Ruhe und Ablenkung bestimmen zu lassen, sondern von einem höheren Motiv: jetzt für einen anderen Menschen zur Verfügung zu stehen. Indem ich das tat, erlebte ich die Gegenwart Jesu. Und da ich mich von ganzem Herzen nach einer tiefen Beziehung zu Jesus sehne, war es nur folgerichtig, dass diese Begebenheit mich mit einem stillen Hochgefühl zurückließ.

Dies ist nur eine von einer Reihe von Erfahrungen, die mir deutlich gemacht haben, dass eine Einübung in die christlichen Grundhaltungen eine Art Schnellstraße zur Erfahrung der Gegenwart Jesu in meinem Leben ist. Das mag für manche Leser gefährlich klingen. Aber es entspricht meiner Erfahrung. Für manche Menschen sind Kontemplation und Gebet der Weg zur Erfahrung der Gegenwart Gottes. Aber ebenso können wir seine Nähe erleben, indem wir uns einüben in die geistlichen Grundhaltungen, die wir von Jesus lernen.

Zwei Extreme

Wenn es darum geht, Gott zu erfahren, geraten wir in ein Spannungsfeld. Es gibt Christen, die Gott und seine Nähe vor allem in der Innenwelt ihrer Seele erleben, in Gebet, Kontemplation, Einsamkeit, Stille oder in der Betrachtung. Und es gibt Christen, für die Gott vor allem im gehorsamen Tun, im Dienst an anderen oder durch die Begegnung mit dem Wort Gottes erfahrbar ist.

Beide Sichtweisen sind begrenzt. Betont man einseitig das äußere Tun, wird man perfektionistische, gesetzliche Christen erziehen, Menschen, die keinen Zugang zur Gnade und Barmherzigkeit Gottes finden und zu der Kraft, die gerade darin liegt. Betont man Bibelkenntnis auf Kosten anderer Aspekte des christlichen Lebens, wird man engstirnige Dogmatiker hervorbringen, die nicht wissen, wie sie all die Richtigkeiten, die sie kennen, in konkretes Leben übersetzen sollen. Betont man zu stark die innere Erfahrung, kann das zu einer Haltung führen, die nur nach persönlicher „Erleuchtung" sucht, aber das Bemühen um Selbstlosigkeit und die Arbeit am eigenen Charakter vernachlässigt. Losgelöst von der Autorität der Schrift wird persönliche Erfahrung zum Götzen, und der Mensch, der sich nur auf sie beruft, steht in Gefahr, sich als „besserer Christ" zu fühlen und die Gemeinschaft mit dem weltweiten Leib Christi als einer Gemeinschaft von Dienenden zu verlieren.

Die Arbeit an unserer Persönlichkeit schafft eine Verbindung zwischen der inneren Wirklichkeit unserer Gottesbeziehung und unserem konkreten Verhalten im Alltag.

Ein gutes Gegenmittel gegen diese Einseitigkeiten ist die Einübung in die inneren Grundhaltungen, die Jesus uns vorgelebt hat. Eine solche Arbeit an unserer Persönlichkeit schafft eine *Verbindung* zwischen der inneren Wirklichkeit, der Erfahrung der Seele, und unserem konkreten Verhalten im Alltag. Ich habe gesagt: „Okay, Gott, ich akzeptiere deinen Auftrag für mich in dieser Situation." Dieser Entscheidung lag eine innere Haltung zugrunde. Sie führte mich zu einem konkreten Tun: das Buch aus der Hand zu legen und ein Gespräch zu beginnen. Und das Ergebnis war, dass ich die Freude erlebte, mit Gott zusammenzuarbeiten, unter seiner Führung eine Aufgabe, die er mir in den Weg stellte, zu erledigen.

Fühlen Sie sich manchmal ausgelaugt? Langweilt Sie die ganze Sache mit dem Glauben vielleicht? Oder sind Sie erschöpft von dem Versuch, endlich ein ideales christliches Leben hinzukriegen? Wünschen Sie sich, die Gegenwart Jesu in Ihrem Leben deutlicher zu erleben? Wenn Sie in dieser Situation sind, dann kann der Weg über eine Einübung in die christlichen Tugenden eine Brücke zu dem Leben sein, nach dem Sie sich sehnen.

Die Gnade kann mehr

Das Gute an der Guten Nachricht ist die Botschaft: Wir müssen nicht Gefangene der Dunkelheit und der Schwächen bleiben, die uns anhaften. Wachstum und Veränderung sind möglich. Aber sie stellen sich nicht ohne unser Bemühen ein. Es muss allerdings die rechte Art von Bemühen sein.

„Schon wieder soll ich mich anstrengen", winken Sie vielleicht ab. Vielleicht sind Sie es leid, zum hundertsten Mal einen erneuten erfolglosen Versuch zu machen, endlich diese eine Schwäche zu überwinden, die Sie einfach nicht loswerden. Vielleicht sagen Sie: „Ich habe mich wirklich bemüht – ich schaffe es einfach nicht."

Bei einer Einübung in geistliche Grundhaltungen geht es nicht um eine weitere Anstrengung. Es geht nicht um moralische Klimmzüge. Es geht darum, zunächst einmal einen prüfenden Blick auf die innere Ausrichtung unseres Herzens zu werfen. Und dann alles, was wir dort vorfinden, Gott in die Hände zu legen. Gott, dem barmherzigen Vater, der jeden mit offenen Armen empfängt, der zu ihm kommt und weiß, dass er nichts vorzuweisen hat. Jesus nennt die Menschen selig, die arm im Geist sind. Die nichts vorweisen können. Wer so zu Gott kommt, findet bei ihm Ruhe für seine Seele.

Es geht nicht um moralische Klimmzüge. Es geht darum, zunächst einmal einen prüfenden Blick auf die innere Ausrichtung unseres Herzens zu werfen.

Diese Ruhe beginnt damit, dass wir vor Gott stehen, wie wir sind. Dass wir ihm unsere Wünsche und Ambitionen bringen, die Menschen, die wir lieben, und die, die wir hassen, unsere Zwänge und unsere Unmöglichkeiten, unsere Schmerzen und Wunden. Genau das ist die tägliche Übung, durch die wir im Glauben wachsen. Zu Gott zu sagen: „Hier bin ich – genauso, wie ich bin. Dies sind meine Wünsche, dies meine Gedanken – heute. Zeig mir, wie ich dir ähnlicher werden kann."

Gottes Gnade ist unablässig in uns am Werk. Wir können lernen, uns dieser Gnade zu überlassen und mit ihr zusammenzuarbeiten.

> *Das Gute an der Guten Nachricht ist die Botschaft: Wir müssen nicht Gefangene der Dunkelheit und der Schwächen bleiben, die uns anhaften. Wachstum und Veränderung sind möglich.*
>
> GARY THOMAS

Kapitel 3

Der Geschmack der Freiheit

Die Gnade, das müssen wir verstehen, widersetzt sich der Leistung; nicht dem Bemühen.

DALLAS WILLARD

Eine Frömmigkeit, die nicht aus unserem innersten Herzen kommt, ist nichts als eine Maske.

JEANNE GUYON

Stellen Sie sich vor, Gott würde Ihnen folgendes Angebot machen: „Ich gebe dir die unternehmerischen Fähigkeiten eines Bill Gates – du kannst das Industrieimperium des nächsten Jahrzehnts begründen. Interessiert?“

Oder, wenn Sie eher der kulturelle Typ sind: „Ich gebe dir eine Stimme wie Pavarotti, ein malerisches Talent wie Rembrandt, schriftstellerisches Genie wie Goethe. Was sagst du?“

Man könnte sich den ganzen Tag mit solchen Träumen beschäftigen. Was Gott uns tatsächlich anbietet, ist allerdings noch weitaus großartiger. Gott sagt: „Du kannst mein Leben in dir erfahren.“

Gott bietet uns etwas an, was alle menschlichen Fähigkeiten und Möglichkeiten bei weitem übersteigt. Paulus schreibt: „Wir haben den Geist Christi empfangen“ (1. Korinther 2,16).

Überlegen Sie einmal, was das bedeutet. Als Christen haben wir den Geist Jesu – seine Gotteserkenntnis, seine Herzenshaltung.

Das ist ein unglaubliches Angebot. Es ist atemberaubend. Was uns hier gesagt wird, ist: Wir können werden wie er. Nach einem solchen Angebot – kann man sich da noch mit weniger zufrieden geben?

Die göttliche Natur

Petrus hatte ein Talent dafür, die Dinge zu vermasseln. Deshalb sehen wir ihn gern als den etwas begriffsstutzigen Tollpatsch, der stets aus Impulsivität ins Fettnäpfchen trat und es einfach nicht raffte. Wenn wir uns aber einmal mit dem Petrus der Petrusbriefe beschäftigen würden, wären wir vermutlich überrascht und könnten einen tiefen Einblick in die Möglichkeiten geistlichen Wachstums gewinnen. Petrus ist nämlich im Glauben gewachsen und erreichte ein Maß an Einsicht und Erkenntnis, das nur wenigen zuteil wird.

Gott hat uns alles geschenkt, was wir brauchen, um zu leben, wie es ihm gefällt. (2. Petrus 1,3)

Der zweite Petrusbrief ist ein meisterhafter Aufruf zu einem solchen Glaubenswachstum. Er beginnt mit der Zusage: „Gott hat uns alles geschenkt, was wir brauchen, um zu leben, wie es ihm gefällt“ (2. Petrus 1,3). Wir haben alle Voraussetzungen dafür, dem Vorbild Jesus ähnlich zu werden. Alle!

Zu schön, um wahr zu sein? Petrus geht noch weiter. Gott hat uns, wie Luther übersetzt, „die teuren und allergrößten Verheißungen geschenkt“, damit wir „Anteil bekommen an der göttlichen Natur“ (V. 4).

„Anteil bekommen an der göttlichen Natur“! Was hält uns zurück?

Missverständnisse

Was uns zurückhält, sind oft genug Missverständnisse. Es gibt einige Holzwege, wenn es um die Frage nach echter und dauerhafter Veränderung unserer Persönlichkeit und um die Praxis des Glaubens geht.

Ein erster Holzweg ist der *rein evangelistische* Ansatz. Dieser Ansatz geht davon aus, dass wir gerettet werden, damit wir von nun an auf dem Weg des Glaubens bleiben und andere ebenfalls für diesen Weg gewinnen. Wir sollten möglichst eine Reihe von Bibelstellen kennen, mit der wir jede Bastion des Unglaubens, auf die wir etwa treffen könnten, zerschmettern können. Nun ist es sicher eine gute Sache, anderen vom Glauben zu erzählen; aber es gibt eine Weise, evangelistisch zu sein, die das Teilhaben an der göttlichen Natur auf evangelistische Aktivitäten beschränkt.

Dann gibt es den Holzweg *„Ich werde ein Heiliger*". Hier geht man davon aus, dass Gott zufrieden gestellt ist, wenn es mir gelingt, einen Zustand sündloser Perfektion zu erreichen. Jede Sünde ist ein Rückschritt; das Leben dreht sich nicht darum, die Fülle des von Gott geschenkten Lebens zu erfahren, sondern darum, Sünden zu vermeiden. Dieser Weg ist ein Weg der Selbstgerechtigkeit, und viele, die ihn gehen, mussten erleben, dass sie sich krankhaft nur noch mit sich selbst beschäftigen und am Ende unglücklich sind.

Heute ist der Holzweg des *Aktivismus* recht populär. Seine Vertreter leben nach dem Motto: „Wenn ich bestimmte Anteile von meinem Geld und meiner Zeit und meiner Kraft für Gott einsetze, dann hat Gott Freude an meinem Leben – und ich bin hoffentlich zu beschäftigt, um selbstsüchtig zu werden." Dieser Versuch führt oft zu Stress, Schuldgefühlen und zwanghaftem Verhalten. Es ist schwer, auf diesem Weg die Ruhe zu finden, die Jesus verspricht, und die Ähnlichkeit mit Jesus, die aus einem Zur-Ruhe-Kommen der Seele erwächst.

Dann gibt es noch den Holzweg des *Pessimismus*. Wer ihn geht, hält den Menschen für ein durch und durch verdorbenes Geschöpf, das nie und nimmer seinen sündhaften Zustand überwinden kann. Einseitig betont man hier das Gefallensein des Menschen und verschiebt eine Veränderung durch Christus in ein fernes Jenseits.

Und dann gibt es da noch den Holzweg der *wunderbaren augenblicklichen Verwandlung*. Auf ihm befinden sich Christen, die darauf warten, dass sie plötzlich ein Blitz vom Himmel trifft und auf wunderbare Weise all ihre Schwächen in geistliche Qualitäten verwandelt.

Jeder dieser Holzwege enthält ein Körnchen Wahrheit. Es ist wichtig, anderen vom Glauben zu erzählen. Natürlich sollten wir die Sünde meiden. Der Glaube soll sich selbstverständlich im Einsatz für andere erweisen. Wir können Gottes Macht erfahren, die alle menschlichen Möglichkeiten übersteigt.

Aber jeder dieser Wege irrt, weil er einen einzelnen Aspekt der Wahrheit verabsolutiert. Und das Problem all dieser Ansätze liegt darin, dass sie sich vor allem um die Frage drehen, wie wir uns das Wohlgefallen Gottes sichern oder beweisen können. All diese Wege sind Lichtjahre entfernt von dem Leben, das Jesus uns vorgelebt hat: ein volles, lebendiges Leben mit einem breiten Spektrum an Grundhaltungen, Entscheidungen und Motivationen.

Wer muss es tun – Gott oder ich?

Das Neue Testament präsentiert uns keine einfache Formel dafür, wie das neue Leben sich in uns durchsetzt. Bei Paulus finden wir Sätze zu diesem Thema, die zunächst völlig widersprüchlich klingen.

„Arbeitet mit Furcht und Zittern an eurer Rettung. Und doch ist es Gott allein, der beides in euch bewirkt: Er schenkt euch den Willen und die Kraft, ihn auch so auszuführen, wie es ihm gefällt“ (Philipper 2,12.13).

Was denn nun? Wirkt Gott, oder müssen wir uns anstrengen?

Was Paulus hier beschreibt, sind zwei Seiten derselben Wirklichkeit.

Und sie schließen einander nicht aus. Sie ergänzen einander. Die geringe Kraft unseres Willens, unserer Entscheidungen, unsere geistigen und physischen Bemühungen müssen sich mit einer Kraft verbinden, die unermesslich viel größer und unendlich anders ist als unsere eigene Kraft. Das geschieht in einem Prozess der Kooperation: Wir stellen unsere relativ geringe Kraft – die Kraft unseres Willens, die Kraft unserer Muskeln – Gott zur Verfügung. Das ist unser Beitrag. Ohne ihn bringen wir praktisch das Wirken seiner Gnade in uns zum Erliegen.

Wie diese Kooperation vonstatten geht, lässt sich an den christlichen Grundhaltungen gut zeigen. Sie bilden die Brücke zwischen Gottes Entscheidung, sein Leben in uns zu entfalten und uns zu verwandeln, und unserer Entscheidung, die richtige Herzenshaltung dazu zu gewinnen. Losgelöst von der Beziehung zu Christus wären all diese Eigenschaften und Grundhaltungen nur leblose Kopien eines großen Ideals. Aber im Kontext einer lebendigen Christusbeziehung können diese geistlichen Grundhaltungen ein Leben völlig neu gestalten.

Losgelöst von der Beziehung zu Christus wären alle christlichen Tugenden nur leblose Kopien eines großen Ideals.

Ein alter Weg zu einem neuen Leben

„Ein Christ wird durch die Tugend geformt, wie andere durch Vergnügungen geformt werden“, schrieb der Kirchenlehrer Johannes Climacus im 5. Jahrhundert.

Wenn Sie sich mit den christlichen Tugenden beschäftigen und in ihnen nichts weiter als lästige Verpflichtungen sehen, haben Sie anstrengende Zeiten vor sich. Und wenn es nicht Gottes Kraft ist, die uns auf unserem Weg weiterträgt, werden wir an der Hoffnungslosigkeit des Unterfangens Geistliches Wachstum zerbrechen.

Der Weg, der tatsächlich gangbar ist, liegt zwischen diesen Alternativen: In Christus sind wir bereits vollkommen und werden zugleich vervollkommnet. Wir mühen uns in der Kraft Gottes, nicht aus eigener Kraft, und unser Einsatz besteht in dem täglichen Bemühen, uns in Gottes Erbarmen zu bergen und dort Ruhe zu finden und uns von ihm die Kraft zum Weitergehen schenken zu lassen. Allmählich wird uns ein innerer Kompass vorwärts ziehen, und was einmal wie Anstrengung aussah, wird zu einer inneren Leidenschaft, die unser Leben bestimmt.

Ein Beispiel mag dies verdeutlichen: Mein Bruder verbrachte seine Ferien bei uns, warf einen Blick auf unser Gartenbeet und meinte: „Ich werde ein wenig Unkraut jäten."

Ich dachte, er wäre verrückt. Er hatte Urlaub – und wollte unsere Gartenarbeit machen? Aber für ihn war es keine Arbeit, sondern Entspannung. Für meinen Bruder war Gartenarbeit eine sehr geruhsame und befriedigende Tätigkeit. Er hatte einfach Spaß daran.

Wenn Gott uns neu schafft, wird das, was nach außen hin wie eine Anstrengung aussehen mag, zu einer kostbaren, belebenden Erfahrung. Warum? Weil sich in uns eine dynamische Veränderung vollzogen hat. Wir bekommen nämlich nach und nach Geschmack an der wunderbaren inneren Freiheit, die jede geistliche Tugend mit sich bringt, wenn sie in unserem Leben verankert ist. Und dieser Geschmack der Freiheit weckt in uns das Verlangen nach mehr.

Nach und nach bekommen wir Geschmack an der wunderbaren inneren Freiheit, die jede geistliche Tugend mit sich bringt.

Stellen Sie einem Hedonisten irgendein sinnliches Vergnügen vor Augen, und er wird nicht widerstehen können. Stellen Sie einem gesunden Christen eine Tugend vor Augen und sein Herz wird sich danach sehnen, sein Leben davon verändern zu lassen und die damit angebotene Freiheit zu erleben. Er wird nicht widerstehen können. Davon redete Jesus, als er sagte: „Glücklich sind, die nach Gerechtigkeit *hungern und dürsten,* denn sie sollen satt werden“ (Matthäus 5,6).

Seelennahrung für gesundes Wachstum

Warum müssen wir überhaupt wachsen? Petrus hat hier ein paar ernüchternde Worte zu sagen. Gerade hat er uns in Aussicht gestellt, dass wir an Gottes Wesen Anteil bekommen können, da fährt er fort: „Deshalb setzt alles daran, Gott zu vertrauen, und zeigt das durch ein vorbildliches Leben … Wenn ihr diesen Weg geht und dabei weiter vorankommt, wird euer Glaube nicht leer und wirkungslos bleiben, sondern ihr werdet unseren Herrn Jesus Christus immer besser kennen lernen“ (2. Petrus 1,5.8).

Wir müssen dem Glauben nichts hinzufügen, um gerettet zu werden. Aber, so sagt es dieser Vers: Wenn wir mit dem Glauben kein entsprechendes Leben verbinden, werden wir *leer* und *wirkungslos* bleiben. Wir werden zwar Jesus kennen, aber es wird sich nicht viel ändern. „Gott wirkt in uns und mit uns, nicht gegen uns und auch nicht ohne uns“, schrieb der große Calvinist John Owen.

Gott wirkt in uns und mit uns, nicht gegen uns und auch nicht ohne uns. (John Owen)

Der Petrusbrief kann uns warnen: Es ist möglich, dass wir den Weg zur Veränderung kennen, aber die Erfahrung der Veränderung nie machen. Wir können unser Leben als „Gerettete“ verbringen und dennoch unverändert bleiben.

Screwtape schreibt seinem Unterteufel-Lehrling: „Ich höre mit großem Missvergnügen, dass dein Patient Christ geworden ist … Es besteht kein Grund zur Verzweiflung … Sämtliche *Gewohnheiten* des Patienten, die geistigen wie die körperlichen, sprechen immer noch zu unseren Gunsten.“[1]

Die ewigen Konsequenzen unserer „alten Gewohnheiten“, sind

zwar beseitigt, wenn wir uns Christus zuwenden. Aber diese Gewohnheiten haben so ihre Art, an uns zu kleben und uns zu belästigen. Sie werden nur verschwinden, wenn wir sie durch neue Gewohnheiten ersetzen.

Sich von konkreten Sünden abzuwenden ist ein wichtiges Element des geistlichen Wachstums. Aber das ist nur der erste Schritt. Nachdem wir die Sünde „abgelegt“ haben, sollen wir etwas Neues „anziehen“. Paulus formuliert es so: „Ihr sollt euer altes Leben wie alte Kleider ablegen. Folgt nicht mehr euren Leidenschaften, die euch in die Irre führen und euch zerstören. Gottes Geist will euch durch und durch erneuern. Zieht das neue Leben an, wie ihr neue Kleider anzieht. Ihr seid neue Menschen geworden, die Gott selbst nach seinem Bild geschaffen hat. Ihr gehört zu Gott und lebt so, wie es ihm gefällt“ (Epheser 4,22.24).

Es kann passieren, dass wir den Weg zur Veränderung kennen, aber die tatsächliche Erfahrung der Veränderung nie machen.

Wir wissen es ja nur zu gut: Eine schlechte Gewohnheit überwindet man nicht dadurch, dass man sich auf das falsche Verhalten konzentriert und sich bemüht, es zu vermeiden. Ehe wir uns versehen, sind wir Fehler-zentriert, und die Energie, die wir darauf verwenden, die schlechte Angewohnheit zu beenden, bewirkt, dass wir immer tiefer in den Sumpf hineinsinken. Deswegen ist jeder Versuch, im geistlichen Leben voranzukommen, der sich nur auf die „Vermeidung“ bestimmten Verhaltens konzentriert und dem keine positiven „Tugenden“, Grundhaltungen gegenüberstehen, die erstrebenswert sind, nicht nur zum Scheitern verurteilt, sondern sogar eher hinderlich. Die geistlichen Tugenden zeigen uns, was wir „anziehen“ können – die Eigenschaften Jesu. Sie zeigen uns ein Modell unserer Zukunft. Deshalb ist es viel hilfreicher, diese Möglichkeiten in den Blick zu nehmen, als uns auf das zu konzentrieren, was wir vermeiden wollen.

Christus anziehen – das ist der lebenslange Prozess, durch den wir das Alte ablegen und ein neues Leben anlegen.

Am Beginn der Reise

Die Auswahl der Grundhaltungen, die in diesem Buch erläutert werden, orientiert sich an der Tugendlehre der christlichen Tradition. Sie ist allerdings keineswegs vollständig. Einige zentrale Tugenden (wie z. B. die Hoffnung) werden gar nicht erwähnt. Aber die Grundhaltungen, die hier diskutiert werden, sind ganz sicher hilfreich für jeden, der sich in die Welt der christlichen Tugenden hineinbegeben will. Es ist eine Welt, die das Leben verändern und den Geist verwandeln und befreien kann. Machen wir uns also auf den Weg.

> *Ein Christ wird durch die Tugend geformt, wie andere durch Vergnügungen geformt werden.*
>
> JOHANNES CLIMACUS

> *Arbeitet mit Furcht und Zittern an eurer Rettung. Und doch ist es Gott allein, der beides in euch bewirkt: Er schenkt euch den Willen und die Kraft, ihn auch so auszuführen, wie es ihm gefällt.*
>
> PHILIPPER 2,12.13

Kapitel 4

Leben an dem Platz, der mir zukommt (Demut)

Heilige wissen, dass sie Sünder sind. Nur Sünder glauben, sie seien Heilige.

PETER KREEFT

Deshalb beugt euch unter Gottes mächtige Hand. Gott wird euch aufrichten, wenn seine Zeit da ist.

1. PETRUS 5,6

In menschlichen Beziehungen ist kaum etwas so schädlich wie Selbstgerechtigkeit. In geistlicher Hinsicht ist kaum etwas so gefährlich, ja tödlich, wie der Stolz.

Die Ironie der Sache liegt darin, dass wir umso mehr „Grund" haben, stolz zu sein, je mehr an Ähnlichkeit mit Jesus wir in unserem Leben entdecken. Wenn wir hier nicht aufpassen, dann sabotiert das geistliche Wachstum in uns sich selbst. Vielleicht nennt der große Reformator Johannes Calvin deswegen die Demut die „höchste Tugend … die Mutter und Wurzel aller anderen Tugenden"[1]. Und Jonathan Edwards, der große amerikanische Prediger des 18. Jahrhunderts, nennt die Demut „das Wesentlichste in der wahren Religion"[2].

In unseren Gemeinden lernen wir in der Regel, wie man betet, wie man die Bibel liest, wie man den Glauben bezeugt. Sehr selten habe ich bisher irgendwo einen Kurs gefunden, der Menschen lehrt, in der

Demut zu leben. Dabei ist die Demut das Fundament, auf dem das ganze Gebäude unseres geistlichen Lebens ruht. Wenn Sie versuchen, ein geistliches Leben von außen nach innen aufzubauen, und die Demut dabei umgehen, werden Sie sich vermutlich bald müde, enttäuscht, frustriert oder ganz einfach leblos fühlen. Es geht nicht darum, die äußeren Übungen des Glaubens zu vernachlässigen (Bibellesen, Gebet usw.), sondern anzufangen, auch die entsprechenden inneren Grundhaltungen einzuüben. Und der Startpunkt ist die grundlegende Wesenseigenschaft Jesu: die Demut.

Demut – unser Ich wird entthront und Gott erhält den ersten Platz in unserem Herzen.

Warum also hat die Demut keinen Platz in den Programmen unserer Gemeinden? Vielleicht deshalb, weil diese geistliche Grundhaltung so schwer zu vermitteln ist. Wir kriegen sie nicht in den Griff. Immer sind wir selbst Übende. Ich kann einen Bibelkurs absolvieren, meine Gebetszeit verlängern, Listen mit Namen von Menschen führen, denen ich vom Glauben erzählen will. Aber wie überprüfe ich, wie es bei mir selbst um die Demut steht?

Ich kann es nicht. Denn es gilt: Wir werden nicht demütig, wenn wir nicht lernen, Demut zu praktizieren.

Geistliche Grundhaltungen sind kein Zustand, der uns anhaftet. Wir erwerben sie nach und nach – und das gilt vielleicht nirgends so sehr wie im Blick auf die Demut.

Radikales Angewiesensein auf Gott

Demut bedeutet: Wir treten in das Leben Jesu ein … und zwar durch die Tür einer radikalen Abhängigkeit von Gott. Demut ist eine innere Ausrichtung darauf, bewusst alles von Gott zu empfangen und einzugestehen, dass wir darauf angewiesen sind, dass Gott uns Gutes gibt. Der Demütige nimmt die Worte Jesu wörtlich: „Ohne mich könnt ihr nichts tun" (Johannes 15,5). Der schottische Prediger Andrew Murray beschrieb im 19. Jahrhundert die Demut exakt. Er nennt sie „den Ersatz des Ich durch die Inthronisierung Gottes"[3].

Demut ist jene innere Verfassung, die uns dazu bereit macht, von Gott gesegnet zu werden. Die Psalmen scheinen geradezu überzusprudeln von der Einsicht, dass es Gott danach verlangt, den Demütigen seine Gnade zu beweisen. Gott rettet die Demütigen, zeigt den Geringen den Weg, er erhält sie; ja, er krönt sie sogar. Dem Demütigen fließt Gottes ganzer Reichtum zu.

Der Stolz dagegen sucht diese Ordnung umzukehren. Stolz ist Vertrauen auf die eigenen Möglichkeiten und Kräfte. Arroganz versucht, sich Gott zu verpflichten, statt von ihm zu empfangen.

Demut bedeutet: Ich gestehe ein, dass ich darauf angewiesen bin, Gutes von Gott zu empfangen.

Martin Luther bekannte am Ende seines Lebens: „Wir sind Bettler, das ist wahr." Aber wir haben ein Problem: Wir wollen keine Bettler sein. Wir sind zu stolz, Empfangende zu sein. Und dieser Stolz verhindert, dass wir im Glauben wachsen. Nicht selten fallen wir zurück in eine Haltung, in der wir, einmal gerettet, glauben, der Rest liege nun an uns. Wir vertrauen auf uns selbst statt auf Gott und damit schneiden wir uns sozusagen unsere geistliche Sauerstoffzufuhr ab. Lernen wir es doch wieder, die frische Luft der Gnade und des Beistands Gottes einzuatmen, der uns alles Gute geben will.

Falsche Vorstellungen

Viele Menschen, Christen eingeschlossen, haben eine verzerrte Vorstellung von der Demut. Wenig von sich selbst zu halten oder falsche, abwertende Aussagen über sich selbst zu machen ist weder fromm noch geistlich gesund. Der Schriftsteller und Theologe Peter Kreeft hat treffend formuliert: „Demut bedeutet, weniger *über* sich selbst nachzudenken, nicht weniger *von* sich selbst zu halten."[4] Demut bedeutet nicht, dass wir so tun, als seien wir total unbegabt. Jesus hat nie so getan, als sei er nicht der mit Vollmacht ausgestattete Sohn Gottes. Dennoch ist er unser Vorbild im Blick auf die Demut als rechtes Verhältnis des Menschen zu Gott.

Die Demut führt nicht dazu, dass wir unsere Gaben und Fähigkeiten verleugnen; sie führt uns vielmehr dazu, dass wir sie einsetzen, um anderen zu dienen, nicht, um Eindruck zu machen. Sie wandelt unsere innere Haltung zu den Gaben, die Gott uns gegeben hat.

C.S. Lewis schreibt: „[Gott] möchte, dass [der Christ] am Ende so frei von jeder Befangenheit zu seinen Gunsten ist, dass er sich über seine eigenen Begabungen ebenso frei und dankbar freuen kann wie über die Begabungen seines Nächsten – oder auch über einen Sonnenaufgang, einen Elefanten oder einen Wasserfall. Er möchte, dass jeder Mensch letzten Endes fähig ist, alle Geschöpfe (auch sich selbst) als herrlich und großartig zu erkennen. Ihre animalische Selbstliebe möchte er so schnell wie möglich abtöten, aber sein langfristiger Plan … läuft darauf hinaus, ihnen eine neue Art von Selbstliebe zurückzugeben – eine Barmherzigkeit und Dankbarkeit gegenüber allen Menschen, einschließlich ihrer selbst. Wenn sie wirklich gelernt haben, ihre Nächsten zu lieben wie sich selbst, dann wird ihnen erlaubt werden, sich selbst zu lieben wie ihre Nächsten."[5]

Wenn wir wirklich gelernt haben, unsere Nächsten zu lieben wie uns selbst, dann wird uns erlaubt werden, uns selbst zu lieben wie unsere Nächsten. (C. S. Lewis)

Selbstlos zu leben schenkt uns eine enorme Befreiung. Es ermöglicht uns, ganz in der Gegenwart zu leben, ohne dass unser Durst nach mehr die Freude am jetzigen Augenblick trüben kann. Wenn wir damit zufrieden sind, in der Gegenwart zu leben, dann hat Gott uns bereits eine neue Art von Lebendigkeit geschenkt; wir zerstören die Gegenwart nicht mehr durch die Sehnsucht nach einer besseren Zukunft, in der wir endlich in unserem wahren Wert erkannt sein werden. Wir sind frei, das Leben zu leben, das Gott für uns bereithält.

Sich selbst vergessen

Die Demut betrifft nicht nur die vertikale Beziehung des Menschen zu Gott. Sie betrifft auch unsere horizontalen Beziehungen zu unseren Mitmenschen. Den Kern dieser „sozialen Demut" bildet die Haltung der Selbstvergessenheit. Wir leben so leicht in einer Haltung, als sei die einzige Aufgabe der Welt und der Menschen, die uns begegnen, die, *uns* glücklich, gesund, zufrieden und wohlhabend zu machen. Wenn irgendetwas oder irgendjemand es wagt, dieses höchste Ziel zu durchkreuzen, explodieren wir in einem Anfall von Zorn, Groll und Bitterkeit. Dabei ist es doch ganz klar: Die Welt dreht sich nicht um mich. Und jeder Anspruch darauf, dass sie es doch bitte tun solle, kann zu nichts anderem führen als zu Frustration. Es gibt einfach keinen richtigen Zeitpunkt für einen Familienstreit und es ist auch immer unpassend, wenn der Reifen kaputt geht.

Die Welt dreht sich nicht um mich. Und jeder Anspruch darauf, dass sie es bitte doch tun solle, kann zu nichts anderem führen als zu Frustration.

Die innere Grundhaltung der Demut fungiert als eine Art Filter. Sie rettet uns vor der Tyrannei ausgesprochen unrealistischer Erwartungen, dass alles und jeder gefälligst unseren Interessen zu dienen habe. Selbstvergessenheit bedeutet, dass wir frei werden von dem ständigen Versuch, andere zu beeindrucken, und stattdessen fähig sind, ihnen im Geist Jesu zu dienen. Das grundlegende Beispiel für diese Haltung bietet Jesus, der seinen Jüngern die Füße wäscht.

Das Streben danach, bedient, beachtet und anerkannt zu werden, ist nichts anderes als unser Wunsch, selbst Gott zu sein. Diese kolossale Arroganz wird immer ins Leere laufen. Wir sind nicht Gott und werden es nie sein. Und aus diesem Grund führt Stolz immer zu Frustration. Demut dagegen kann nie enttäuscht werden: Wenn Sie jemandem dienen wollen, werden Sie immer jemanden finden, dem Sie einen Dienst tun können. Und indem Sie das tun, werden Sie die Freude der Gegenwart Jesu in Ihrem Leben erfahren.

Im Bewusstsein der Gegenwart Gottes leben

Der sicherste Weg zur Demut ist der, uns Gott beständig vor Augen zu halten. Wenn wir uns keine Zeit nehmen, über Gottes Macht, Schönheit, Heiligkeit, Erhabenheit und Majestät nachzusinnen, sie zu meditieren, dann wird die Demut uns fremd, und der Stolz wird sehr bald wieder die Oberhand gewinnen. Fangen Sie an, sich Gott vor Augen zu halten. Lernen Sie Schriftworte auswendig, die von seiner Macht und Schönheit sprechen, von der Freude des Herzens an Gott. Singen Sie im Auto einen Choral oder ein Lobpreislied, statt das Radio anzustellen. Wenn Sie nicht schlafen können, beten Sie Psalmen oder meditieren Sie Jesus, der seinen Jüngern die Füße wäscht. Genießen Sie die Natur und finden Sie Gottes Größe darin. Was es auch kosten mag – schaffen Sie sich Gewohnheiten, Rituale, Übungen, um bewusst über Gott und sein Wesen nachzusinnen.

Nicht selten bewirken die kleinsten Handlungen, in denen wir von uns selbst absehen, die größten geistlichen Verwandlungen.

Das Zweite: Üben Sie Demut im Verhältnis zu anderen. Nicht selten bewirken die kleinsten Handlungen, in denen wir von uns selbst absehen, die größten geistlichen Verwandlungen. Schon triviale Kleinigkeiten – einem anderen die Tür aufhalten, jemandem im Feierabendverkehr Vorfahrt zu gewähren – können zum Testfall der

Ewigkeit werden, die dazu beitragen, unser Herz umzuwandeln. Nehmen Sie die Haltung eines Dienenden an. Beten Sie für Menschen, mit denen Sie es schwer haben. Meditieren Sie über die Haltung des Paulus: „Ich bin also frei und von niemandem abhängig. Aber um möglichst viele für Christus zu gewinnen, habe ich mich zum Sklaven aller Menschen gemacht“ (1. Korinther 9,19).

Selbstlos zu leben heißt: Befreit leben.

Das Leben in der Demut ist ein Leben tiefer Freude und zutiefst empfundener Dankbarkeit – sowohl für das, was Gott uns schenkt, als auch für das, was wir nun wiederum an andere weitergeben dürfen. Das ist so, weil die Quelle dieser Freude nicht mehr allein unser persönliches Glück oder ein guter Zufall ist. Wir können vielmehr auch andere ohne Neid anerkennen, ohne uns deshalb zurückgesetzt zu fühlen. Wir können aufgehen in der Schönheit einer Landschaft – ohne einen Gedanken an uns selbst. Wir können uns „ernähren“ lassen durch eine gute Predigt – ohne Neid darauf, nicht selbst zum Predigen begabt zu sein.

Wenn alles Gute seinen Ursprung in Gott hat, kommt es dann darauf an, durch wessen Hand er es der Welt zukommen lässt? Wir sind nur die Postboten, nicht die Urheber. Würde Ihr Briefträger sich hinstellen und Beachtung verlangen nach dem Motto: „Wissen Sie überhaupt, wer Ihnen diese Grußkarte überbracht hat? Ohne mich hätten Sie nie etwas davon gehört.“ Aber in christlichen Kreisen prahlen wir allzu oft mit jedem besonderen Zeichen von Gottes Gunst. Wir errichten Gedenktafeln mit dem Hinweis: Seht her – ohne mich hätte diese Gabe Gottes euch nie erreicht.

Warum tun wir das? Weil unser begrenzter Verstand noch immer nicht die grenzenlose Großzügigkeit eines unendlichen Gottes zu fassen vermag. Wenn wir uns von einer Lebensweise, die sich am Geben orientiert, entfernen und in die Höhlen eines Lebensstils nach dem Motto „Beachte mich gefälligst“ geraten, sind Enttäuschung und Leere vorprogrammiert.

Die Demut kann geradezu zu einer Leidenschaft werden – wenn wir nämlich Folgendes begreifen: Je mehr wir unser eigenes Ego aus dem Weg räumen, umso mehr können das Leben, die Kraft und die Absichten Gottes unser Leben ausfüllen. Wenn das geschieht, dann erfahren wir etwas Wunderbares: die Qualität ewigen Lebens – ohne den Makel unserer eigenen Kontrolle und der kleinlichen Ansprüche unseres Egos.

> *Wenn wir es nicht zu unserem Ziel machen, in der Demut zu wachsen, könnten wir eines Tages feststellen, dass wir uns zwar an schönen Gedanken und Gefühlen, an feierlichen Handlungen und Glaubensaussagen berauscht haben, dass aber das einzig sichere Kennzeichen der Gegenwart Gottes – das Verschwinden des Ego – die ganze Zeit gefehlt hat.*
>
> ANDREW MURRAY

> *Der Stolz kann nie befriedigt werden: Wir werden nie werden wie Gott. Die Demut kann nie enttäuscht werden: Wenn du jemandem wirklich dienen willst, wirst du immer jemanden finden, dem du dienen kannst.*
>
> GARY THOMAS

Kapitel 5

Gelassen im Strom der Ereignisse (Hingabe)

Der Mensch, der Gott ein reines Herz anbieten möchte, aber sich von Sorgen beunruhigen lässt, ist wie jemand, der glaubt, rasch gehen zu können, obwohl seine Füße zusammengebunden sind.

JOHANNES CLIMACUS

Man trifft unter Christen nicht selten auf eine „primitive" Christlichkeit: Da verdient jede Sünde einen sofortigen Schlag ins Genick und jeder Akt des Gehorsams eine Segnung des Himmels. Wir denken, unser Gehorsam müsse mit Segnung über Segnung belohnt werden, bis wir schließlich gesund, wohlhabend und glücklich sind.

Aber so einfach ist es nicht. Gewiss, Jesus hat uns viele Segnungen versprochen. Aber er hat auch deutlich gemacht, dass es Augenblicke des Opfers geben würde: „Niemand kann sich dem Feuer der Prüfung Gottes entziehen. Es gehört zum Leben so wie das Salz zum Opfer" (Markus 9,49). Wenn Jesus sagt *niemand*, schließt das jegliche Ausnahmen aus. Er sagt ganz klar: Es kommt eine Zeit, in der wir aufgerufen sind, um des Glaubens willen Opfer zu bringen.

Manchmal müssen wir daran erinnert werden, dass unser Glaube auf dem Opfer Jesu, auf seiner Selbsthingabe beruht. In diesem Sinn ist Jesus der Anfänger des Glaubens. Niemand hat jemals mehr in Übereinstimmung mit dem Willen Gottes gelebt als Jesus, er lebte ein in einzigartiger Weise gehorsames Leben. Dennoch starb er einen grausamen, unmenschlichen Tod. Israel war in Ägypten unterdrückt, vierhundert Jahre lang – aber doch niemals verlassen. Die ersten Gemeinden wurden verfolgt und brutal vernichtet – aber doch in all diesen Erfahrungen getragen von Gott und seiner Liebe zu ihnen.

Wir suchen uns nicht aus, wo oder in welcher Zeit wir geboren werden. Die völlige Hingabe an Gott und seinen Willen bedeutet eine Neuausrichtung unserer inneren Einstellung. Erst diese Neuausrichtung ermöglicht es uns, über den jeweiligen Umständen unserer Zeit aus der Perspektive der Ewigkeit zu leben. Wer nur auf der Oberfläche des Lebens lebt, der wird von den Umständen beherrscht. Die Grundhaltung der Hingabe hebt uns über den augenblicklichen Fluss der Ereignisse hinaus. Paulus schreibt: „Schließlich habe ich gelernt, in jeder Lebenslage zurechtzukommen. Ob ich nun wenig oder viel habe, beides ist mir durchaus vertraut, und so kann ich mit beidem fertig werden: Ich kann satt sein und hungern; ich kann Mangel leiden und Überfluss haben" (Philipper 4,11.12).

Hingabe beruht auf dem Wissen, dass Gottes gute Absichten in jedem Fall zu ihrem Ziel kommen werden – ob ich seinen Segen nun spürbar erfahre oder nicht.

Glaube und Hingabe beruhen auf dem Wissen, dass Gottes gute Absichten in jedem Fall zu ihrem Ziel kommen werden – ob ich seinen Segen nun spürbar erfahre oder nicht. Und dass ich in der Zwischenzeit einen inneren Frieden erleben kann, der höher ist als alle Vernunft, indem ich Gott wie ein Kind vertraue.

Das Ziel im Blick behalten

Eine große Schwierigkeit im Blick auf diese Haltung der Hingabe liegt darin, dass Gott, so scheint es, seine Kinder durchaus nicht gleich behandelt. Nach seiner Auferstehung führt Jesus ein sehr offenes Gespräch mit Petrus, in dem er ihm etwas darüber sagt, wie er sterben würde. Petrus sieht sich um und erblickt Johannes, und so fragt er: „Herr, was ist mit ihm?"

Jesus weigert sich, darauf zu antworten. „Wenn ich will, dass er so lange lebt, bis ich wiederkomme, was geht es dich an?" (Johannes 21,19-22).

Jesus sagt uns damit: Jegliches Vergleichen oder gar Neid auf andere, für die Gott anscheinend so viel bessere Pläne hat als für uns, sind unangebracht. Sobald ich anfange, meine Situation mit der anderer zu vergleichen, gebe ich den kostbaren Frieden auf, den Gott mir schenken möchte.

Jeder von uns wird andere Prüfungen erleben und zu unterschiedlichen Zeiten, und diese Prüfungen werden uns verwandeln. Wohin, das hängt davon ab, wie wir ihnen begegnen. Prüfungen können uns bitter und zynisch machen, unser Herz hässlich und gemein werden lassen. Oder wir gehen daraus gestärkt hervor, mit einem Charakter, der mehr von dem Bild Christi in uns erkennen lässt. Ob wir von einer Prüfung profitieren oder daran zerbrechen hängt ganz entscheidend von unserer Grundhaltung der Hingabe an Gott ab.

Ob wir an einer Prüfung wachsen oder daran zerbrechen, hängt ganz entscheidend von unserer Haltung der Hingabe an Gott ab.

Die Grundhaltung der Hingabe offenbart, wie es um die Motive unseres Herzens steht. Wenn wir zu Gott kommen, damit er uns beschenkt, und uns dennoch arm und leer erleben, werden wir Gott aufgeben. Wenn wir zu ihm kommen, damit er uns Gesundheit gibt, und dann krank werden, werden wir ihn verlassen. Wenn es uns dagegen einfach darum geht, Gott zu dienen und seinen Namen zu verherrlichen, dann gibt es nichts, was unseren Glauben erschüttern könnte – denn Gott verherrlichen, das kann man im Schmerz wie in der Freude, in Wohlstand wie in Armut, in Gelassenheit wie im Stress.

Jeanne Guyon, eine französische Mystikerin des 17. Jahrhunderts, erkannte, dass es eine Gnade ist, wenn wir schwierige Umstände erleben, die unserem Willen entgegenstehen. Wenn wir solche Umstände in der richtigen Haltung annehmen, werden sie zu einem wichtigen Mittel für ein höheres Ziel: der Gegenwart Gottes in unserem Leben. Paulus sagt es so: „Wir sind Gottes Kinder und – gemeinsam mit Christus, auch seine Erben. Leiden wir jetzt mit Christus, werden wir einmal auch seine Herrlichkeit mit ihm teilen" (Römer 8,17).

Gott verherrlichen, das kann man im Schmerz wie in der Freude, in Wohlstand wie in Armut, in Gelassenheit wie im Stress.

Eine Christlichkeit ohne Hingabe sagt: „Wenn Gott mich segnet, werde ich ihm gehorchen. Wenn die Zeiten rauer werden, versuche ich es auf meine Weise." Ein Glaube, der aus der Hingabe erwächst, sagt mit C. S. Lewis: „Ich wurde nicht geboren, um frei zu sein. Ich wurde geboren, um Gott anzubeten und ihm zu gehorchen."

Der Prozess und der Sinn der Hingabe

Der Schlüssel zur Hingabe ist Einwilligung. In manchen Situationen wird diese Einwilligung nur nach einem harten Kampf möglich sein. Aber das ist kein Grund zu verzweifeln. Jeanne Guyon schreibt: „Einmal trägst du das Kreuz in Schwachheit, ein andermal in Stärke. Aber ob du es nun in Schwachheit oder in Stärke trägst – trage es!"[1]

Wenn die kleinen Widrigkeiten des Alltags mich in Selbstmitleid zu ersticken drohen, hilft mir die innere Ausrichtung auf die Grundhaltung der Hingabe. Sie erinnert mich daran, dass alles, was mir geschieht, im Willen Gottes begründet ist – und dass dieser Wille Gottes gut ist. So kann ich bejahen, was mir vorher so unannehmbar erschien, und ich erfahre in dieser Haltung eine vertiefte Gemeinschaft mit Jesus.

Erinnern Sie sich daran: Hingabe ist unabhängig von den Umständen. Wir können aus dieser Grundhaltung leben, ob wir nun gerade den Segen Gottes erfahren oder Widerstände und Versuchungen. Hingabe bedeutet die richtige *innere* Einstellung gegenüber allen äußeren Ereignissen. „Sei es Schwäche oder Stärke, Süßes oder Bitteres, Versuchung, Ablenkung, Schmerz, Müdigkeit, Ungewissheit oder Segen – alles sollten wir in gleicher Weise aus der Hand Gottes empfangen.“[2]

Hingabe ist unabhängig von den Umständen. In jeder Situation kann ich mich dem Willen Gottes überlassen.

Zum Abschluss: Hingabe erreichen wir nicht mit einem Schlag. Verachten Sie die kleinen Schlachten nicht. Glauben Sie nicht, Sie könnten den Krieg in einem einzigen überwältigenden Akt gewinnen, in dem Sie „alles Gott übergeben“. Johannes Climacus, ein geistlicher Lehrer aus dem 5. Jahrhundert, warnt uns: „In kleinen Dingen untreu zu sein heißt, im Großen untreu zu sein.“[3]

Erinnern wir uns oft daran: In seiner Liebe zu uns geht es Gott um viel mehr als darum, unsere kleinen Wünsche und Begehrlichkeiten zu erfüllen. Er hat ein größeres Ziel für uns: dass wir Christus ähnlich werden und dass wir darin das Ausmaß seiner Güte immer besser erkennen. Unser Verständnis von Jesus ist verzerrt und bruchstückhaft; unser Verständnis für uns selbst ist durch Sünde, Stolz und Selbsttäuschung getrübt. Nur Gott weiß, was alles von unserem Wesen abgeschliffen werden muss, damit das zum Vorschein kommt, was wir sein sollen: sein Ebenbild.

Wenn wir die Grundhaltung der Hingabe wirklich erwerben wollen, sollten wir aufhören, unsere Schwierigkeiten und unsere Annehmlichkeiten gegeneinander abzuwägen. Bewerten wir doch lieber unsere Schwierigkeiten nach dem Potenzial, das in ihnen liegt, uns Christus ähnlicher zu machen.

> *Wenn du dich Ihm überlassen hast, um Seinen Segen und Seine Liebe zu erfahren, kannst du nicht bei anderer Gelegenheit umdrehen und dein Leben zurücknehmen, wenn du gekreuzigt wirst! … Gott gibt uns das Kreuz, und dann gibt das Kreuz uns Gott.*
>
> Jeanne Guyon

> *Jeder kleine Akt der Hingabe kann, geistlich gesehen, mehr Gutes für uns bewirken als ein ganzes Jahr an äußerlichen Übungen.*
>
> Gary Thomas

Kapitel 6

Freiheit von innen (Nicht-Anhänglichkeit)

Wenn es dein Wunsch ist, das Leben des Glaubens zu leben, musst du nicht nur von jeder Sünde lassen, sondern auch dein Herz von jeder Neigung zur Sünde reinigen … Wenn deine Seele, vom Zustand der Sünde geheilt, diese Neigungen beibehält … wirst du essen, aber nicht genießen, schlafen, aber keine Erholung finden, lachen, ohne dich zu freuen, und dich mehr dahinschleppen als vorangehen. Du wirst Gutes tun – aber mit einer solchen geistlichen Schwerfälligkeit, dass es deiner Übung jede Anmut raubt.

Franz von Sales

Es ist eine Sache, ein Leben der Hingabe zu leben. Etwas anderes ist es, völlig von allen Anhänglichkeiten frei zu sein. Hingabe ist ein Willensakt: Ich nehme die äußeren Umstände oder Situationen an, in die Gott mich stellt, und suche seine guten Absichten darin zu erkennen. Nicht-Anhänglichkeit bedeutet, dass ich nicht mehr an den Dingen dieser Welt hänge. Ich höre auf, meine Sicherheit oder meinen Lebenssinn in Menschen, Dingen, Positionen, Geld oder Macht zu finden, damit diese Dinge mich nicht mehr zu einem Verhalten verleiten können, von dem ich weiß, dass es unklug ist oder mir keinen Gewinn bringt. Dazu gehört eine allmähliche (Um-)Formung unserer Wünsche, sodass sie mit dem Willen Gottes übereinstimmen. Außerdem werden wir auch eine Unterweisung darin brauchen, was eigentlich geistlich gesund ist.

Das bekannteste Bibelwort zum Thema der Nicht-Anhänglichkeit ist wohl Matthäus 6,33: „Sorgt euch vor allem um Gottes neue Welt, und lebt nach Gottes Willen! Dann wird er euch mit allem anderen versorgen." Jesus sagt damit, dass im Zentrum der Aufmerksamkeit und des leidenschaftlichen Wollens eines Glaubenden Gott und seine Sache stehen. Nicht-Anhänglichkeit ist die Haltung, die uns hilft, mit Gott zusammenzuarbeiten, während er die Wünsche unseres Herzens umformt. Wenn wir unsere Bedürfnisse und Wünsche in Gottes Hand legen, finden wir Ruhe in dem Wissen, dass das, was für die Seele wirklich wichtig und heilsam ist, nur von Gott selbst geschenkt werden kann.

Freiheit von innen

Jeden Tag leben wir unter dem Diktat von Wünschen und Begierden, die außer Kontrolle geraten sind und jegliches Maß verloren haben. Das ist mal mehr, mal weniger spürbar. Johannes vom Kreuz schrieb, dass ungezügelte Begierden uns verwunden, und zwar in zweifacher Weise: Sie rauben uns die Erfahrung der Freude am Geist Gottes, und sie „ermüden, plagen, beschmutzen und schwächen"[1] uns.

„Woran du dein Herz hängst, das ist dein Gott." (Martin Luther)

Ein undiszipliniertes inneres Leben – ein Leben, in dem man an der Welt hängt, während man gleichzeitig versucht, sich von ihr zu trennen – ist das blanke Elend. Mit dem halben Herzen wollen wir zu Gott gehören und ein entsprechendes Leben führen, und zugleich umgeben wir uns rundum mit Versuchungen, die dieses Ziel torpedieren. Manchmal werden latente Wünsche so stark, dass unser ganzes Sein nur noch darum kreist.

Haben wir dann nachgegeben, stellen wir überrascht fest, dass die Erfüllung nicht halb so befriedigend war wie die Erwartung. Aber der Wunsch hat uns verleitet – vielleicht haben wir einen Menschen missbraucht, um uns selbst besser zu fühlen; vielleicht haben wir versucht, mit Dingen eine innere Leere zu füllen, die sich doch auf diese Weise nicht füllen lässt.

Manchmal werden latente Wünsche so stark, dass unser ganzes Sein nur noch darum kreist.

Seien wir ehrlich: Es ist extrem schwer, sich das zu versagen, was man wirklich ersehnt. Der große Theologe John Owen betont: „Der hasst nicht die Frucht, der an der Wurzel Vergnügen findet."[2]

Um frei zu werden von der Neigung zu ungeordneten Anhänglichkeiten, müssen wir weniger die Sünde an sich in den Blick nehmen, sondern ihre innere Ursache. Wenn heute ein Christ eine offensichtliche Sünde begeht, werden 99 Prozent der geistlichen Bemühungen um ihn sich darauf konzentrieren, wie man das „Fallen" verhindern kann – es wird um Strategien gehen, durch die wir Situationen vermeiden können, in denen wir diese besondere Sünde begehen. Der Alkoholiker wird hören, er solle Situationen meiden, in denen Alkohol angeboten wird. Ein eiserner Wille – äußere Disziplin, die einen räumlichen Abstand, aber keine innere Befreiung von der Sünde ermöglicht – wird allerdings nur begrenzten Erfolg haben.

Wer immer erfolglos gegen eine bestimmte Sünde angekämpft hat – erfolglos insofern, dass man zwar die konkrete Tat meidet, aber das Verlangen danach nicht loswird –, der braucht die Grundhaltung der Nicht-Anhänglichkeit. Und der Startpunkt, um diese Haltung zu erlangen, liegt dort, wo wir unseren Blick von den geschaffenen Dingen abwenden und auf den Schöpfer selbst richten.

Gott bietet uns die Erfüllung unserer Herzenssehnsucht nach wahrer Intimität, eine dauerhafte Umwandlung unseres Charakters, Freude, Frieden – er bietet uns alles, was unsere Seele wirklich zufrieden stellen kann. Aber wir bleiben fixiert auf alles Mögliche andere. Statt inneren Frieden, Sinn, Freiheit und Erfüllung von Gott anzunehmen, sehnen wir uns nach Dingen, die unseren Geist und unser Ego für kurze Zeit begeistern. Und Gott, der jedes echte Bedürfnis erfüllen kann, schieben wir zur Seite und richten stattdessen unsere Sehnsucht auf weit geringere Dinge. Aber er bleibt bei uns und wartet darauf, dass wir bereit werden, seine Gaben zu empfangen.

Stellen Sie sich vor, wie Ihre Beziehungen sich verändern könnten, wenn all Ihre tiefsten Bedürfnisse von Gott gestillt würden. Sie hätten es nicht mehr nötig, Ihren Ehepartner mit Ansprüchen und Erwartungen zu belasten, die er nie erfüllen kann. Sie könnten ein liebender anstelle eines fordernden Ehepartners werden. Sie könnten aufhören, von Ihren Eltern etwas zu verlangen, was sie nicht geben können, und die Liebe und Annahme, die Sie brauchen, bei Gott, dem Vater, finden. Sie könnten aufhören, Ihre Kinder mit Ihren eigenen Erwartungen und Hoffnungen zu belasten und sich darauf konzentrieren, dass sie das Potenzial, das Gott in ihnen angelegt hat, entwickeln können.

Ansprüche sind nichts anderes als geistliche Ketten; sie öffnen die Türen des Herzens für Frustration, Enttäuschung und Zynismus.

Ansprüche ruinieren Beziehungen. Unerfüllte Ansprüche verwandeln Beziehungen in eine wahre Hölle. Ansprüche machen unglücklich. Lernen wir doch stattdessen, wie Gott unsere wahren Bedürfnisse stillt.

Nicht-Anhänglichkeit bedeutet, dass wir jeden Anspruch aufgeben, den wir auf Dinge oder Menschen oder irgendetwas Geschaffenes erheben – selbst den, den wir für legitim halten. Ansprüche sind nichts anderes als geistliche Ketten; sie öffnen die Türen des Herzens für Frustration, Enttäuschung und Zynismus. François Fénelon warnt: „Goldene Ketten sind nicht weniger Ketten als Ketten aus Eisen.“ Es kommt nicht darauf an, was uns bindet, solange wir gebunden sind. Auch wenn der Käfig aus Gold sein mag – Gefangenschaft ist die Hölle. Und oft genug sind es unsere Ansprüche, die uns unfrei machen.

Wir müssen unseren Ansprüchen sterben und stattdessen darauf vertrauen, dass Gott uns gibt, was wir wirklich brauchen. Und in jedem Fall – ob Gott uns das Notwendige gibt oder ob er uns die Kraft gibt, ohne das Gewünschte auszukommen – lernen wir, unseren Frieden, unsere Gelassenheit in ihm zu finden.

Die Macht der Nicht-Anhänglichkeit

Wie können wir diese Grundhaltung der Nicht-Anhänglichkeit erreichen? Der Versuch, sich selbst allmählich von dem Verstricktsein in so viele latente Leidenschaften zu befreien, ist ein hoffnungsloses Unterfangen. Was wir stattdessen brauchen, ist ein positives Ziel für unsere Leidenschaftlichkeit. Wir müssen unsere Sehnsucht nicht nur von etwas losreißen; wir müssen sie vielmehr auf ein anderes Ziel richten und daran festmachen.

Etwas aufzugeben fällt dann leichter, wenn man glaubt, dass man etwas Besseres gefunden hat. Als Menschen können wir nicht sehr gut im Vakuum leben; wir sind immer von unseren Leidenschaften hin- und hergeworfen. Statt uns also darum zu bemühen, unsere Leidenschaften und Wünsche loszuwerden, sollten wir sie entschlossener auf geeignetere Ziele richten. Johannes vom Kreuz betont: Die Verlockung der Welt kann so stark sein, dass ein Mensch nicht in der Lage ist (oder einfach nicht den Mut dazu aufbringt), sein Verlangen nach den falschen Dingen abzulegen – „es sei denn, dass der geistliche Teil der Seele durch ein noch stärkeres Verlangen nach geistlichen Dingen angefeuert wird.“[3]

Wir können unsere Leidenschaften und Wünsche nicht einfach ausreißen; wir können sie aber auf andere Ziele richten.

Wenn wir nicht die Freude an Gott suchen und pflegen, werden wir bald die Unterhaltung der Welt suchen. Wenn wir nicht die Erfüllung erfahren, die darin liegt, ein dienender Mensch zu sein, werden wir bald auf Anerkennung und Ruhm aus sein. Wenn wir Gottes Stimme nicht hören, werden wir uns nach einer anderen, falschen Intimität sehnen. Wenn wir aber unsere Freude in Gott und seinem Wesen und Handeln suchen und finden, üben wir mit der Zeit unsere Seele darin ein, dass sie ein Verlangen nach allem entwickelt, was geistlich gesund ist und der Seele wirklich Frieden schenkt.

Suchen, was die Seele freut

Im Spanien des 16. Jahrhunderts lebte ein wohlhabender Kaufmann mit Namen Nicholas. Im Alter von 37 Jahren hatte er alles erreicht, was man im Leben erreichen kann: Er besaß ein großes Vermögen und konnte sich leisten, wonach ihm nur der Sinn stand. Sein Rat war gefragt, sein Wort wurde geachtet. Vom König wurde er zum Ratgeber in Finanzfragen gemacht. Er bekleidete eine der höchsten Positionen des Landes.

Dann traf er auf einen kleinen, mittellosen Mann ohne jeden Einfluss – Johannes vom Kreuz, der zusammen mit Teresa von Avila den Karmeliterorden erneuert hatte. Während Nicholas alles besaß, wonach Menschen sich verzehren, lebte Johannes den Alptraum des kleinen Mannes: Er trug keine Schuhe, reiste ohne Ersatzkleidung und oft ohne Nahrung durchs ganze Land und verzichtete auf die Ehe.

Nach der Begegnung mit Johannes vom Kreuz verließ Nicholas den Hof, verkaufte seinen Besitz, verschenkte sein Vermögen und trat in die Gemeinschaft der unbeschuhten Karmeliten ein. Der Mann, der sich in Staatsgarderobe auf dem Parkett der Paläste bewegt hatte, wanderte nun barfuß über die steinigen, manchmal schneebedeckten Straßen Spaniens.

Nicholas folgte demselben Ruf, der Jahrhunderte früher ein paar Fischer dazu bewogen hatte, ihre Netze liegen zu lassen und sich Jesus anzuschließen. Aber es wäre ein Fehler, sein neues Leben an dem zu messen, was er hinter sich ließ. Denn in Wahrheit hatte er etwas weit Besseres gefunden – und das ist der Schlüssel zu echter Nicht-Anhänglichkeit. Im Gebet war sein Herz auf eine Weise berührt worden, wie Geld, Einfluss und Macht es nie vermocht hatten.

Nicht-Anhänglichkeit an die Dinge dieser Welt beginnt dort, wo wir in Christus wirklich Erfüllung für unsere Seele finden. Und an ihm – an Jesus selbst – können wir schnell erkennen, wie entscheidend diese Haltung der Nicht-Anhänglichkeit für sein Leben war.

Jesus gab den Himmel auf, um Mensch zu werden. Er löste sich davon. Er löste sich von seinen Eltern, um seinen Auftrag wahrzunehmen. Er löste sich von der Zustimmung der Massen, damit er ihr Erlöser werden konnte. Er gab den Anspruch auf, die Gegenwart Gottes, seines Vaters, geistlich erfahren zu können – und wurde für uns zur Sünde gemacht. Er gab sein irdisches Leben auf und starb für unsere Sünden. Er gab alles auf – aber er gewann unendlich viel mehr: den Ehrenplatz an der Seite Gottes und den Namen, der über alle Namen steht (vgl. Philipper 2,9). An ihm können wir uns orientieren, wenn es um die Grundhaltung der Nicht-Anhänglichkeit geht.

Verlieben Sie sich in Gott und lassen Sie Ihre Wünsche und Sehnsüchte von ihm formen.

Es ist keine Schande, sich einzugestehen, dass wir noch in den Kinderschuhen stecken, wenn es um die Nicht-Anhänglichkeit geht. Die meisten Christen schlagen sich herum mit Eifersucht, Neid, kleinlichen Wünschen, die uns unglücklich machen. Und das ist genau der Ausgangspunkt, von dem wir starten können: Erlauben wir Gott, uns zu zeigen, wie es um unser Herz steht, und uns deutlich zu machen, wonach wir eigentlich suchen.

Verlieben Sie sich in Gott und lassen Sie Ihre Wünsche und Sehnsüchte von ihm formen. Erlauben Sie ihm, Ihnen tiefe Erfüllung zu schenken und Sie von den irrigen und vordergründigen Anhänglichkeiten und Wünschen zu befreien.

Vielleicht ist es Ihnen schon deutlich geworden: die Tugenden Jesu stehen nicht für sich; sie bauen aufeinander auf und beeinflussen sich gegenseitig. Um die Freiheit der Nicht-Anhänglichkeit zu erfahren, müssen wir in die Tugend der Anhänglichkeit hineinwachsen – der Anhänglichkeit an Jesus. Und das ist die Grundhaltung der Liebe. Darum geht es im nächsten Kapitel.

Wer die Frucht genießt, wird die Wurzel nicht hassen.

JOHN OWEN

Freue dich über den Herrn; er wird dir alles geben, was du dir von Herzen wünschst.

PSALM 37,4

Kapitel 7

Die Energie der Seele (Liebe)

Die Seele braucht keine andere Kraft, um sie voranzuziehen, als das Gewicht der Liebe.

JEANNE GUYON

Die Liebe schaut nicht zurück; sie bleibt unermüdlich bis ans Ziel.

1. KORINTHER 13,7 (NACH: THE MESSAGE)

Wenn es um christliche Spiritualität geht, bedeutet ein Herumtrödeln in neutralem Gelände eine ernste Gefahr. Wir brauchen etwas, das die luxuriösen Allüren der Welt und die vielen falschen Götter, die um unsere Liebe werben, überwindet. Was wir brauchen ist die Tugend, die als *Liebe* bekannt ist.

Was bedeutet es, Gott zu lieben? Am besten sagt es ein Satz von Jeanne Guyon: „Das ganze Herz Gott zu schenken bedeutet, alle Energie der Seele immer auf ihn ausgerichtet zu haben."[1] Liebe im christlichen Sinn bedeutet: die Energie der Seele auf Gott richten.

Ein wunderbares Beispiel dafür finden wir in Lukas 7,36-50. Eine „verdorbene" Frau, vermutlich eine Prostituierte, platzt plötzlich in eine Zusammenkunft Jesu mit den Pharisäern hinein. Sobald sie Jesus erblickt, fällt sie vor ihm auf die Knie und verblüfft die versammelte Gesellschaft damit, dass sie ihr erspartes Lebenskapital in Form eines duftenden Öls über seine Füße gießt. Ganz offensichtlich denkt sie nicht an ihre finanzielle Zukunft. Sie ist völlig selbstvergessen; die

Energie ihrer Seele konzentriert sich ganz auf Jesus. Er hatte sie in einer Weise angerührt, wie sie es noch nie erfahren hatte, und sie antwortet mit einer Geste der Ehrerbietung, die ebenso schön wie gewagt ist. Das ist Liebe.

Jesus ähnlich zu werden ist ein Lebensprogramm. Es erfordert die einzige Energie im Universum, die unerschöpflich ist: Liebe – und zwar Liebe zu Gott. Kein weniger bedeutender Denker als Jonathan Edwards warnt uns: „Die Natur des Menschen ist sehr träge, wenn er nicht von einem Affekt beeinflusst wird wie Liebe, Hass, Begehren, Hoffnung oder Furcht. Diese Emotionen sind wie Federn, die uns in allen Angelegenheiten des Lebens und der Lebensführung in Bewegung setzen."[2] Ohne diesen Motor der Liebe verlieren wir das Interesse am Glauben und an allem, was überhaupt Gewicht hat.

Liebe im christlichen Sinn heißt: die Energie der Seele auf Gott richten.

Feinde der Liebe

Die Liebe zu Gott ist nicht unbestritten. Viele andere Götter kämpfen um unser Herz. Mit welchen Feinden sollten wir also rechnen, wenn wir versuchen, dem Gebot Jesu zu folgen: Gott von ganzem Herzen, mit ganzer Seele, mit allen Kräften zu lieben?

Der erste Feind ist die Gleichgültigkeit. Diese Sünde, die, wie Dorothy Sayers schrieb, „nichts glaubt, der nichts am Herzen liegt, die nichts wissen will, sich nicht einmischt, nichts genießt, nichts hasst, in nichts einen Sinn findet, für nichts lebt und nur deshalb am Leben bleibt, weil es nichts gibt, wofür sie sterben könnte."

Kennen Sie gleichgültige Menschen? Menschen, denen alles egal ist? Eine solche Teilnahmslosigkeit kann eine größere Gefahr für den Glauben darstellen als offene Ablehnung. Wer Gott ablehnt, weiß zumindest, worum es geht. Ein gleichgültiger Mensch dagegen merkt nicht einmal, was auf dem Spiel steht.

Weitere Feinde sind Zorn und Groll. Eine Mutter kommt nicht über die Behinderung eines Kindes hinweg. Ein Prediger bekommt Magengeschwüre, weil die Gemeinde seine Predigt nicht zu würdigen weiß. Ein Ehepaar grämt sich, weil sie keine Kinder bekommen. Diese Dinge sind es, die geistliche Intimität, eine Erfahrung der Nähe Gottes heute verhindern. Oft genug haben wir zu hohe Erwartungen und wir grollen Gott, wenn ein Traum sich nicht erfüllt. Zorn und Groll können nicht zusammen mit der Demut existieren, und sie unterminieren auch die Haltung der Hingabe. Diese beiden Grundhaltungen aber gehören zum Fundament des Glaubens.

Jesus ähnlich zu werden, ist ein Lebensprogramm. Es erfordert die einzige Energie im Universum, die unerschöpflich ist: die Liebe – und zwar die Liebe zu Gott.

Ein dritter Feind ist Furcht und damit zusammenhängend ein Mangel an Vertrauen. In der Gegenwart eines gewalttätigen Menschen kann man nicht entspannt sein. Wenn unser Bild von Gott so ist, dass wir ständig vor ihm auf der Hut sein müssen, ständig vor seiner Strafe zittern, dann werden wir wohl kaum echte Intimität erfahren.

Ein vierter Feind ist zu viel Aktivität. Kaum ein Mensch entscheidet sich bewusst dafür, Gott links liegen zu lassen; meistens vollzieht sich die Abwendung von Gott so, dass wir einfach zu beschäftigt sind mit anderen Dingen. Wir haben zu viele Termine.

Und dann gibt es da noch einen weiteren Feind: unsere westliche Angst und unser Argwohn gegenüber Gefühlen. Verstehen Sie mich nicht falsch: Ich halte sehr viel von theologischem Wissen und davon, die dogmatischen Grundlagen des Glaubens zu kennen. Aber es reicht nicht aus, dass unser Geist gut informiert ist, wenn unser Herz nicht ebenso leidenschaftlich für Gott schlägt. Was wir glauben, ist natürlich entscheidend, aber ebenso entscheidend ist die Energie unseres Seins –

die Affekte und Emotionen. „Wer nur über das dogmatische Wissen und die Theorie verfügt, aber nicht über die Liebe, wird nie erfassen, wie gut der Glaube ist“, sagt Jonathan Edwards.[3]

Gefühle zu unterschätzen hat seinen Preis. Denn die Affekte und Emotionen sind die Energiequellen unseres Seins.

Natürlich kann man auch Gefühle überbewerten. Natürlich ist unser Glaube wahr, ob wir ihn nun leidenschaftlich erleben oder nicht. Aber die Gefühle zu unterschätzen, hat seinen Preis. Denn ohne Emotionen lieben wir zu wenig. Ohne Liebe verändern wir uns nicht. Und ohne Veränderung werden wir nicht die Menschen, die Gott aus uns machen will. „Eine Veränderung von religiöser Bedeutung wird es nicht geben, es sei denn, dass unsere Affekte berührt werden.“[4]

Was hält Sie davon ab, Gott zu lieben? Gleichgültigkeit, Zorn oder Groll, Angst oder dass Sie mit Emotionen sowieso Probleme haben?

Das Wesen der Liebe

Der „Horror des Horrors“ in der Bibel ist ein verhärtetes Herz. In Markus 3,5 erfahren wir, dass Jesus traurig ist über die Hartherzigkeit der Pharisäer. Der Hebräerbrief warnt eindringlich davor, das Herz gegen Gott zu verschließen oder zu verhärten (Hebräer 3,8). Ein hartes Herz hat aufgehört zu fühlen, ist tot für Gott, empfindet keine Leidenschaft – und deshalb finden seine Befehle darin kein Gehör und rufen keinen Gehorsam hervor.

Was uns hilft, Gottes Gebote gern zu erfüllen, ist ein Herz, das sich eingelassen hat, ein Herz, das immer mehr in der Liebe wächst, ein Herz, das Neues fühlt, das weit wird. Ein solches „weites Herz“ wird uns in Psalm 119,32 verheißen: „Ich eile voran auf dem Weg deiner Gebote, denn mein Herz machst du weit“ (EÜ).

Was das Herz verändert

Wir wissen alle, welche Macht eine leidenschaftliche körperliche Beziehung haben kann. Aber eine leidenschaftliche geistliche Beziehung kann ähnlich gewaltige Auswirkungen haben.

Wir sind beeindruckt vom Hohen Lied der Liebe in 1. Korinther 13. Aber der Mann, der die Worte schrieb: „Aber die Größte unter ihnen ist die Liebe“ hatte wenige Jahrzehnte zuvor alle, die Jesus folgten, leidenschaftlich verfolgt und gnadenlos umgebracht.

Wir beschädigen diese Worte, wenn wir sie sentimental verstehen oder uns Paulus als sanfte, vielleicht unmännliche Figur vorstellen. Die Kraft, die diese Veränderung in seinem Leben bewirkte, war die Kraft der Liebe.

Der Weg der Heiligung beginnt nicht damit, dass wir uns an die Regeln halten. Er beginnt mit einer leidenschaftlichen Beziehung.

Unterschätzen wir niemals die Macht der Liebe, einen Menschen zu verändern. Eine so radikale Neuorientierung eines Menschen ist niemals Ergebnis einer gedanklichen Einsicht. Dazu braucht es vielmehr einen Wandel der Leidenschaft und der Verpflichtung des Herzens. Der Weg der Heiligung beginnt nicht damit, dass wir uns an die Regeln halten, sondern mit einer leidenschaftlichen Beziehung. Wer einen anderen liebt, wird alles vermeiden, was diesen verletzt.

Johannes Climacus erinnert uns: „Wir sollten den Herrn lieben, wie wir einen teuren Freund lieben. Wie oft habe ich gesehen, dass Menschen Gott betrüben, ohne dass es ihnen etwas ausgemacht hätte; und ich habe gesehen, wie dieselben Menschen auf jedes nur erdenkliche Mittel, Plan, Druck oder Flehen durch sie selbst oder durch Freunde zurückgreifen, um eine alte Beziehung wiederherzustellen, die durch eine unbedeutende Kränkung zerbrochen ist.“[5]

Wenn wir die Verbundenheit mit Gott pflegen, wird unser Wunsch und Verlangen nach „falschen Göttern“, nach schlechten Gewohnheiten und Haltungen, die die Beziehung zu Gott stören, mehr und mehr verblassen. „Der frische Geschmack der geistlichen Dinge hält die Christen davon ab, sich mit weltlichen Genüssen zufrieden zu geben", schreibt der Puritaner John Owen.[6]

Kann man lernen, Gott zu lieben?

Wie gewinnt man Leidenschaftlichkeit in der Beziehung zu Gott? Kann man das beeinflussen? Muss das überhaupt sein? Zumindest eines lässt sich sagen: Wer versucht, ein christliches Leben im Gehorsam gegen Gott zu führen, und keine Leidenschaft dafür mitbringt, der wird ein Maß an Disziplin brauchen, über das nur wenige Menschen verfügen.

1. Bitten Sie Gott um Hilfe

Die Bibel kann ungemein praktisch sein. Jakobus schreibt: „Wenn es jemandem von euch an Weisheit fehlt, soll er Gott darum bitten, und Gott wird sie ihm geben. Ihr wisst doch, dass er … jeden reich beschenkt" (Jakobus 1,5). Wenn es Ihnen an Liebe und Leidenschaft für Gott fehlt, bitten Sie ihn darum: „Herr, gib mir eine Liebe zu dir, die stärker ist als das Bedürfnis nach Dingen, die dir im Weg stehen."

Was meinen Sie? Wird Gott dieses Gebet hören und sagen: „Ob ich darauf wirklich antworten will, muss ich mir erst gut überlegen?"

2. Ordnen Sie Ihre Anhänglichkeiten

Erinnern Sie sich an Ihre ersten Fahrstunden in einem Wagen mit Gangschaltung? Es dauert eine Weile, bis man das richtige Maß heraushat: Nicht zu viel Gas, nicht zu schnell die Kupplung loslassen.

Man muss lernen, beides ins richtige Verhältnis zueinander zu setzen: Kupplung loslassen in genau dem Maß, in dem man Gas gibt.

Ein ähnliches „Ausbalancieren“ gibt es im Wachstum des Glaubens. Unsere Zuneigung zu und unsere Abneigung gegen etwas entwickeln sich schrittweise. In dem Maß, wie unsere Verbundenheit mit Gott zunimmt, nimmt unser Beschäftigtsein mit anderen Dingen ab – aber immer wieder können diese anderen Dinge der Beziehung zu Gott in die Quere kommen und mehr Aufmerksamkeit fordern, als gut ist.

Liebe lässt sich nicht in Regeln fassen. Sie erfordert Aufmerksamkeit, Fantasie und Kreativität.

Was besonders evangelikale Christen auf die Palme bringen kann, ist die Tatsache, dass Liebe sich nicht in knallharte Regeln fassen lässt. Sie erfordert Aufmerksamkeit, Fantasie, Kreativität. Wenn es um Herzensangelegenheiten geht, dann kann auch etwas, das an sich nicht falsch ist, die Beziehung stören, wenn es zu viel Gewicht bekommt. Unsere Anhänglichkeiten zu ordnen ist deshalb eher eine Kunst als eine Wissenschaft. Sie erfordert Wachsamkeit und die Fähigkeit der Unterscheidung – Grundhaltungen, um die es später noch geht.

3. Vermeiden Sie konkurrierende Anhänglichkeiten

Ich brauche ungefähr 90 Sekunden, um eine Tüte M&Ms zu vernaschen. Um die Kalorien, die ich damit zu mir genommen habe, wieder zu verbrennen, brauche ich ungefähr dreißig Minuten auf dem Fahrrad. Ganz ähnlich können sich geistliche Schlingpflanzen – schlechte Angewohnheiten, schlechte Einstellungen – in Sekundenschnelle auf meine Seele legen, und es dauert Wochen, bis ich sie ausgejätet habe.

Wir können uns nicht in jeder Minute des Tages bewusst darauf konzentrieren, Gott zu lieben. Aber wir können darauf achten, welchen Dingen wir erlauben, unsere Aufmerksamkeit und die Zuneigung unseres Herzens zu beanspruchen – wie wir etwa beobachten, wie viele Kalorien wir verzehren oder wie oft wir den Fernseher einschalten. Sprüche 4,23 erinnert uns: „Achte auf deine Gedanken und Gefühle, denn sie beeinflussen dein ganzes Leben." Oder, wie Luther übersetzt: „Behüte dein Herz mit allem Fleiß, denn daraus quillt das Leben."

4. Meditieren Sie die Schönheit und Güte Gottes

Meditation ist eine natürliche Beschäftigung für ein begeistertes Herz. Johannes Climacus schreibt: „Jemand, der liebt, stellt sich beständig das Antlitz des geliebten Menschen vor Augen und betrachet es zärtlich. Selbst im Schlaf verzehrt er sich vor unerfüllter Sehnsucht und murmelt dem geliebten Menschen zu."[7]

Wir können nicht in jeder Minute des Tages bewusst Gott lieben. Aber wir können wahrnehmen, welchen Dingen wir erlauben, die Zuneigung unseres Herzens zu beanspruchen.

Manchmal „meditiere" ich meine Kinder. Erst neulich beobachtete ich unsere kleine Tochter, wie sie von der Haustür zum Auto lief. Ich freute mich an dem Anblick, an ihrem niedlichen Mantel, an ihrer Frisur und daran, wie sie betont vorsichtig die Treppenstufen hinunterstieg. Ich wollte dieses Bild in meine Erinnerung einbrennen, weil sie mir so viel bedeutet.

Ganz ähnlich kann es uns mit Gott gehen. Wir können ihn mit den Augen des Glaubens betrachten, an ihn denken, unser Herz in Liebe auf ihn ausrichten. Ich kann einen Bibelvers meditieren; ich kann die Schöpfung betrachten; ich kann einfach den Namen „Jesus" beständig wiederholen. Auch hier gelten Fantasie und Kreativität. Ich kann Wege finden, meine geistlichen Augen auf Gott gerichtet zu halten.

Die Liebe hat Menschen dazu gebracht, auf Throne zu verzichten, Erbteile auszuschlagen und in ferne Länder zu ziehen. Die Liebe zu einem anderen Menschen ist eine überwältigende, machtvolle Erfahrung. Aber die Liebe zu Gott ist eine Erfahrung, die uns für immer verändert.

> *Gleichgültigkeit, die Sünde, die an nichts glaubt, an nichts Anteil nimmt, nichts wissen will, sich nichts in den Weg stellt, sich an nichts freut, nichts hasst, in nichts einen Sinn findet und für nichts lebt … bleibt am Leben, weil es nichts gibt, wofür sie sterben könnte.*
>
> Dorothy Sayers

> *Die Liebe hat Menschen dazu gebracht, auf Throne zu verzichten, Erbschaften auszuschlagen und in ferne Länder zu ziehen. Die Herzensbindung an einen anderen Menschen ist in der Tat eine machtvolle Erfahrung. Aber die Liebe zu Gott ist eine Erfahrung, die uns für immer verändert.*
>
> Gary Thomas

Kapitel 8

Verlässliche Beziehungen (Keuschheit)

Gott stellt sich nicht deshalb so an im Blick auf die Moral, weil er unser Verhalten kontrollieren will, sondern weil er will, dass wir die Art von Menschen werden, die ihn schauen können und so grenzenlose Freude erfahren.

PETER KREEFT

In einem großen Lagerhaus in Südkalifornien stehen die Regale vom Fußboden bis zur Decke voll mit Videorekordern. Darauf werden 24 Stunden am Tag Kopien von Pornofilmen für eines der erfolgreichsten Unternehmen unserer Tage, Evil Angel Video, gemacht. Und sie können die Nachfrage kaum bedienen.

Das Pornogeschäft ist zu einem bedeutenden Wirtschaftsfaktor geworden. Könnte ich per Zauberstab diese Art von Lustbefriedigung auslöschen, würden die USA in die größte Wirtschaftsflaute der Geschichte stürzen.

Lust ist gesellschaftsfähig geworden. In einer Welt, in der die Lust die Menschen beherrscht, ist Keuschheit der wirklich alternative Lebensstil. Predige das Recht auf jede Art von Perversion, und die Menschen werden sterben, um deine „Rechte“ zu verteidigen. Predige Keuschheit – und besorg dir besser einen guten Anwalt. Und – traurig aber wahr: Lust ist in der Kirche ebenso zu Hause wie in unserer Gesellschaft als ganzer.

Keuschheit meint einfach sexuelle Reinheit – ob als verheirateter oder allein lebender Mensch. Keuschheit als eine Herzenshaltung meint eine Lebensführung nach der Einsicht, dass jeder Mensch mit Respekt und Würde behandelt werden muss, weil jeder ein Geschöpf und Ebenbild Gottes ist. Wenn die Lust immer wieder Menschen verleitet, andere nur zu ihrem eigenen Vergnügen zu missbrauchen oder zu erniedrigen, dann führt die Keuschheit uns dazu, Menschen zu schützen, damit ihre Würde nicht verletzt wird. Sexualität, die aus der Grundhaltung der Keuschheit lebt, führt zu größerer Intimität und Ganzheit; Sexualität außerhalb dieser Grenzen führt zu Entfremdung, Schmerz, Scham und Reue.

Keuschheit ist eine Herzenshaltung, die jeden Menschen mit Respekt und Würde behandelt und niemanden zum Instrument des eigenen Verlangens macht.

Der Kampf mit dem Ungeheuer

Was sind die Wurzeln der Lust, die unsere Kultur und die Menschen darin so massiv beherrscht?

Zunächst einmal ein *Hunger nach Intimität.* Unsere Gesellschaft ist weitgehend bindungslos, anonym und einsam geworden. Die öffentliche Meinung und der soziale Druck, die früher das Ausleben privater Fantasien verhinderten, spielen kaum noch eine Rolle, wo viele Menschen nicht einmal mehr ihre Nachbarn kennen.

Die Unverbundenheit und Bindungslosigkeit, in der wir leben, kann eine Art kollektive geistliche Einsamkeit erzeugen. Wenn Menschen nicht in eine Gemeinschaft eingebunden sind, kann der Wunsch nach Intimität zu einem nagenden Schmerz werden. Die Versuchung ist darum groß, Abkürzungen zu nehmen – und Lust sieht echter Intimität zum Verwechseln ähnlich.

Warum geben wir uns mit einer Schein-Intimität zufrieden? Weil echte Intimität Arbeit und Anstrengung erfordert. Man muss lernen, zuzuhören, andere zu respektieren, zu vergeben, zu ermutigen, zu unterstützen, zu tolerieren und zu geben – also: die eigene Selbstbezogenheit hintan zu stellen und einen anderen Menschen an die erste Stelle zu setzen. Man macht Fehler, man bereut sie und ist versucht, die Beziehung zu beenden. Aber man lernt, durchzuhalten.

Lust sieht der Intimität zum Verwechseln ähnlich – nur dass sie weder langwierige persönliche Reifungsprozesse noch Verantwortung erfordert. Man muss sich keine Gedanken machen über Charakterfragen wie Vergebung, Demut und Geduld. Für einen Mann, der sich pornografische Bilder ansieht, besteht keine Veranlassung, sich mit seinem Stolz, seiner Respektlosigkeit, seiner Selbstsucht auseinander zu setzen. Eine Frau muss sich mit dem Helden des letzten Liebesromans nicht über Kleinlichkeit oder Manipulation auseinander setzen. Sie wird nie sagen müssen: „Es tut mir ehrlich Leid, dass ich dich vor deinen Freunden bloßgestellt habe."

In einer anonym gewordenen Gesellschaft ist die Versuchung groß, Abkürzungen zur Intimität zu suchen.

Die Tugend der Keuschheit macht uns fähig, reiche und erfüllende Beziehungen zu gestalten. Und gesunde Beziehungen formen unsere Persönlichkeit und lassen uns ebenfalls gesunden. Wenn die Wurzel der Lust eine Sehnsucht nach Intimität ist, können wir diese Sehnsucht erfüllen, indem wir verantwortlicher und angemessener Intimität Raum in unserem Leben geben und anfangen, echte Beziehungen zu bauen.

Eine weitere Wurzel der Lust ist *Götzendienst*, die Verherrlichung des Geschöpfs anstelle des Schöpfers. Damit ist nicht gesagt, dass Freude an einem schönen Körper nicht erlaubt ist. Es ist durchaus möglich, Schönheit zu würdigen, ohne sie sofort besitzen zu wollen. Genau hier kommt die Keuschheit als Herzenshaltung ins Spiel: „Dem Reinen ist alles rein" (Titus 1,15). Ein geistlich gesundes Herz ermöglicht es, echte, beglückende Freude an der Schönheit eines anderen zu empfinden und Gott dafür zu preisen.

Und schließlich ist die *Sehnsucht nach dem Himmel* eine Wurzel unserer Lust. Das mag seltsam klingen. Aber der Himmel ist Seligkeit, er ist die Hoffnung auf ein Leben, das frei ist von dem Druck und den Belastungen unseres irdischen Lebens. Und Lust ist ein Weg, auf dem man in eine billige Imitation dieser Seligkeit, nach der sich unser Herz sehnt, fliehen kann. „Fantasien wirken wie ein heimlicher fliegender Teppich, der die Seele aus Langeweile, Anspannung, Zorn, Einsamkeit und Wut in eine „bessere" Welt versetzt, die augenblickliche Erleichterung und Befriedigung anbietet. … Lust ist unser Versuch, uns den Rückweg in den Garten Eden zu erzwingen."[1]

Lust ist unser Versuch, uns den Rückweg in den Garten Eden zu erzwingen.

Wenn ich Einsamkeit erlebe oder diese Stimmung von Vergeblichkeit, diese „Was soll's?"-Laune, dann sehe ich inzwischen darin meine Sehnsucht nach dem Himmel. „Was ich jetzt empfinde, ist der Hunger nach der vollkommenen Welt, die kommt; dieser Hunger kann jetzt noch nicht endgültig gestillt werden."

Auf diese kommende Welt zu warten statt das Verlangen durch eine schnelle Befriedigung der Lust zu lindern, ist eine Übung, an der die Seele wächst. Die Spannung und Langeweile, denen ich entkommen möchte, werden einmal gelöst sein; aber in der Gegenwart erwartet Gott von mir, dass ich Probleme löse, statt ihnen zu entfliehen.

Von der Lust zur Liebe

Wie können wir uns also dieser dunklen, instinktiven Kraft in unserem Leben stellen? Wieder fand ich einen sehr praktischen Hinweis in den jahrhundertealten Schriften von Johannes Climacus. Dort heißt es: „Der Mann, der gegen seinen Feind mit Schweiß und körperlicher

Härte kämpft, ist wie einer, der seinen Gegner mit einem Seil gebunden hat." Aber „wenn er [die Lust] mit Demut, Ruhe und Durst [nach der Gerechtigkeit Gottes] bekämpft, ist es, als habe er den Gegner schon getötet und begraben."[2]

Peter Kreeft, ein zeitgenössischer Autor, sieht dieselbe Dynamik am Werk: „Sich auf die Unersättlichkeit zu konzentrieren, heilt uns gewöhnlich nicht von ihr, schon gar nicht in ihren ernsten Stadien; denn es fesselt unsere Aufmerksamkeit ja gerade an die Abhängigkeit oder Obsession, der wir entfliehen wollen. Dasselbe gilt für die Lust. Auch wenn es unverantwortlich oder vereinfachend klingen mag – aber wir müssen ‚dem Problem den Rücken kehren' und uns auf Gott ausrichten, auf Gott, der unsere Freude, unser Ziel, unsere Erfüllung, unser alles ist – aus dem einfachen Grund, dass er *ist.*"[3]

Wenn wir uns darauf ausrichten, im Gegenüber zu Gott zu leben – in Demut, Nicht-Anhänglichkeit, Liebe, Großzügigkeit, Geduld und dergleichen – wird die Lust ihren Einfluss auf unser Herz verlieren.

Wurzeln der Keuschheit

Nicht nur die Lust, auch die Keuschheit hat ihre Wurzeln.

Zunächst gilt es zu erkennen, dass körperliches Vergnügen, wie verführerisch es auch sein mag, nie zu einer wirklichen Erfüllung verhelfen kann, denn wir wurden mit einer Leidenschaft und einer Sehnsucht der Seele geschaffen, die ihre Erfüllung nur in Gott finden kann. Sex im Rahmen der Ordnungen, die Gott gegeben hat, führt zu Dankbarkeit und Zufriedenheit; Sex außerhalb dieser Grenzen trennt uns von dem, was wir am tiefsten begehren: Ihn selbst. G. K. Chesterton hat gesagt: „Der Mann, der an die Tür eines Bordells klopft, ist auf der Suche nach Gott."

Wir wurden mit einer Sehnsucht der Seele geschaffen, die ihre Erfüllung nur in Gott finden kann.

Und Thomas von Aquin schreibt: „Diejenigen, die keine Freude an geistlichen Genüssen finden, verfallen den Genüssen des Körpers.“[4] Solange wir das Verlangen unserer Seele nicht verstehen, werden wir nicht fähig sein, mit unserem körperlichen Verlangen verantwortlich umzugehen.

Die Freiheit, die in der Keuschheit liegt, werden wir erfahren, indem wir unser Verlangen nach der Gegenwart Gottes, nach dem Heiligen, wahrnehmen und diesem Verlangen Raum geben. Keuschheit erreicht man nicht durch die Negation des Verlangens. Was wir brauchen ist eine leidenschaftliche und erfüllende Beziehung zu Gott.

Was wir brauchen ist eine leidenschaftliche und erfüllende Beziehung zu Gott.

Zweitens: Freiheit finden wir, indem wir an der ewigen Bedeutung, die Gott unserem Leben gibt, Geschmack gewinnen. Das steht im Gegensatz zu den kurzfristigen Vergnügungen des leiblichen Verlangens. Diese Freiheit wird nicht über Nacht gewonnen. Wer immer seine Kämpfe in diesem Bereich hat, ist vertraut mit dem Aufruhr, Stress und Schmerz, die oft Folge einer reinen Lustbefriedigung sind. Er kennt die Eigenart der Sünde: Sie verspricht zu viel und hält zu wenig. Mit diesem Wissen im Hintergrund ist es möglich, einen festen Entschluss zu fassen: „Nur diesmal gebe ich nicht nach.“

Und dann vergleichen Sie den Tag nach diesem Entschluss mit dem Tag, nachdem Sie das letzte Mal Ihrer Lust nachgegeben haben. Die Chancen stehen hoch, dass Sie entdecken werden: Ein kleiner Gehorsamsschritt kann ein Empfinden von Sinn, Erfüllung und tiefem Frieden hervorbringen.

Drittens: Üben Sie sich ein in die Selbstlosigkeit. Lust ist eine selbstsüchtige Sünde, und mit einer ebenfalls selbstbezogenen Reue überwindet man sie nicht. Die Lösung liegt darin, sich anderen zuzuwenden – mit der Bitte an Gott, er möge uns Achtung und Ehrerbietung für die Menschen schenken, die er schuf.

Und schließlich: Finden Sie angemessene und gesunde Ausdrucksweisen für Ihre Sexualität. Keuschheit wird zu oft mit Prüderie in Verbindung gebracht oder mit einer Haltung, die Sex als schmutzig und verabscheuungswürdig sieht. Das ist nicht biblisch. Die Bibel feiert die eheliche Sexualität geradezu, indem sie ihr ein ganzes Buch widmet (das Hohelied der Liebe). Nehmen Sie alle Zeit, Energie und alles Geld, das Sie für die Befriedigung Ihrer Lust einsetzen, und investieren Sie alles in eine wirkliche Beziehung. Wenn Sie verheiratet sind, planen Sie Zeiten der Intimität mit Ihrem Ehepartner. Wenn Sie allein leben, nutzen Sie Ihre Energie und Zeit, um echte Beziehungen aufzubauen.

Keuschheit – ob in oder außerhalb der Ehe – ist der Weg, auf dem die Sexualität rein, befriedigend und bedeutungsvoll bleibt.

Früchte der Keuschheit

Die Grundhaltung der Keuschheit ist ein wichtiger Baustein für ein schönes und zutiefst sinnerfülltes Leben. Die Keuschheit ermöglicht es Ehepartnern, einander zutiefst zu genießen. Sie feiert die Schönheit, ohne ihr zu verfallen. Keuschheit überwindet unseren Drang zu beherrschen und verwandelt uns in Menschen, die andere achten und sich selbst verschenken können.

Keuschheit ist eher eine Herzenshaltung als eine Frage der körperlichen Enthaltsamkeit. Sie ermöglicht es, dass wir einen anderen in seinem ganzen Wesen achten und genießen können. Die Keuschheit führt uns zu Gott, der hinter aller Schönheit seiner Geschöpfe steht.

Ich möchte mich um diese Haltung bemühen. Denn ich möchte die Freiheit erfahren, die Art von Beziehungen zu gestalten, die über die Spanne meines Lebens bestehen bleiben und mich tragen.

Keuschheit ist eine innere Kraft. Wer sie erstrebt, wird zu einem Menschen werden, der gesunde, reife und von Achtung bestimmte Beziehungen zu Gott und den Menschen aufbauen kann. Und das ist die Grundlage für ein erfülltes Leben.

Lust ist unser Versuch, uns einen Rückweg ins Paradies zu erschleichen.

Dan Allender

Deshalb warne ich euch eindringlich vor jeder verbotenen sexuellen Beziehung! Denn mit keiner anderen Sünde vergeht man sich so sehr am eigenen Körper wie mit sexueller Zügellosigkeit. Oder habt ihr etwa vergessen, dass euer Körper ein Tempel des Heiligen Geistes ist, der in euch wohnt und den euch Gott gegeben hat? Ihr gehört also nicht mehr euch selbst. Gott hat euch freigekauft, damit ihr ihm gehört; nun dient auch mit eurem Körper dem Ansehen Gottes in der Welt.

Korinther 6,18-20

Kapitel 9

Wahre Sicherheit (Großzügigkeit)

Der Mensch, der die irdischen Güter für Nichts achtet, hat sich selbst von Streitigkeiten und Auseinandersetzungen befreit. Aber wer seinen Besitz liebt, wird bis aufs Blut selbst um eine Nadel kämpfen.

JOHANNES CLIMACUS

Großzügigkeit liegt nicht gerade im Trend. Im Gegenteil: Geiz ist geil. Aber für einen Menschen, der geistlich wachsen möchte, ist Großzügigkeit absolut unverzichtbar. Denn die Haltung, die wir gegenüber Geld und Besitz einnehmen, offenbart Entscheidendes darüber, wem die Loyalität unseres Herzens tatsächlich gilt. Es geht hier nicht um Äußerliches, sondern um Wesentliches.

Wir können nicht ohne Besitz leben. Versuchen Sie nur, einen Winter ohne angemessene Kleidung oder Unterkunft zu überleben. Besitz ist notwendig; es ist daher nicht verboten, dass wir bestimmte Dinge begehren. Die Sünde schleicht sich nicht dann ein, wenn wir beginnen, gewisse Dinge zu wünschen, sondern wenn wir sie in einem Maß begehren, das in keinem Verhältnis zu ihrem tatsächlichen Wert steht. „Habsucht", schreibt Peter Kreeft, „ist nicht das Verlangen nach materiellen Gütern, sondern das maßlose Verlangen danach. Denn es ist natürlich für den Menschen, die äußeren Dinge als *Mittel* zu begehren; aber die Habsucht macht aus ihnen *Ziele*, Götter. Und ein Geschöpf, das zum Gott gemacht wird, wird zum Teufel."[1]

Eine der Gefahren der Habgier liegt darin, dass sie keine der Alarmzeichen auslöst, die andere Sünden in der Regel aktivieren. Die wenigsten Menschen missverstehen eine sexuelle Versuchung; sie wissen genau, was vor sich geht. Die Verführung zu Habgier und Materialismus ist viel subtiler. C. S. Lewis warnt: „Erfolg und Wohlstand verstricken einen Menschen in die Welt. Er hat das Gefühl, ‚seinen Platz darin zu finden', während in Wirklichkeit sie ihren Platz in ihm findet."[2]

Die materiellen Güter warten nur darauf, dass ein Platz in unserem Herzen frei wird, um ihren unrechtmäßigen Anspruch darauf zu erheben.

Heißt das, dass Christen nicht nach besseren Verhältnissen trachten dürfen? Nicht notwendigerweise. Wenn jemand sich in einem aussichtslosen Job gefangen sieht und die Bedürfnisse der Familie nicht mehr erfüllt werden können, dann ist Selbstbescheidung eine gefährliche Kanzel, um davon zu predigen. Andererseits: Welche Freiheit gewinnt man, wenn man sich von einem „Lohnsklaven" in einen Gefangenen eines Luxusautos oder einen Diener einer Riesenhypothek verwandelt?

Wir bewegen uns hier auf einem sehr schmalen Grat: Reife erfordert, dass jeder Erwachsene verantwortlich mit Geld und Besitz umgeht. Aber die materiellen Güter warten nur darauf, dass ein Platz in unserem Herzen frei wird, um ihren unrechtmäßigen Anspruch darauf zu erheben. Wo gibt es Freiheit für den Glaubenden? Was schützt uns vor diesem Anspruch? Es ist die Grundhaltung der Großzügigkeit.

Der Zug des Geldes

Spielen Sie Lotto? Martina spielt regelmäßig. Sie verpasst keinen Einsatz. Sie lässt sich die Chance auf das große finanzielle Glück etwas kosten. Aber mit jeder Ziehung, in der sie wieder nicht gewonnen hat, verstärkt sich auch das Wissen in ihr, dass sie sich die Sicherheit, die sie ersehnt, nicht kaufen kann. Was sie sich kauft, wenn sie den Tippschein ausfüllt, ist die Gelegenheit, sich in Tagträume zu verlieren. Für anderthalb Tage – bis zur Ziehung – kann sie wieder in ihrem Traum leben: Was sie alles mit dem Geld anfangen wird, wie sich ihr Leben ändern wird, vielleicht sogar, wie viel Gutes sie damit tun kann … Aber mit der Bekanntgabe der Lottozahlen wird der Traum verblassen – bis zur nächsten Woche.

Na und?, mögen Sie sagen. Es ist doch nur ein Spiel. Es schadet doch nicht.

Wirklich nicht? Die Stunden, die Martina damit verbringt, sich aus der Realität hinwegzuträumen, sind völlig vertan. Und zudem hat sie eine Unzufriedenheit in ihre Seele gepflanzt, die sie mit der Gegenwart hadern lässt, ohne aber einen realistischen Versuch zu machen, ihre Situation zu verändern.

Gott möchte Martina ihr Leben zurückgeben. Erfüllte Stunden statt Fantasien und Tagträume. Er möchte uns alle befreien von der Herrschaft des Geldes, von der Tyrannei unserer Besitztümer. Die Grundhaltung der Großzügigkeit stellt sich unserer Urangst entgegen: der Angst, wir werden nicht *genug* haben. Weniges ist so typisch für den Menschen wie das Streben nach Besitz; und wenige Handlungen sind so sehr vom Geist Gottes erfüllt wie der freiwillige Verzicht auf diesen Besitz.

Die Großzügigkeit stellt sich unserer Urangst entgegen: der Angst, nicht genug zu bekommen.

Vielleicht haben sich die Wüstenväter in diesem Punkt geirrt. Sie gingen völlig mittellos in die Einsamkeit, ohne Schuhe, manchmal gar ohne Kleidung. Sollte da der Materialismus nicht ausgeschlossen sein? Aber da liegt der Irrtum. In der Wüste kann man zwar nichts erwerben. Aber man kann auch nichts verschenken.

Wollen Sie Ihr Leben zurück?

Der Weg zur Erfüllung besteht darin, dass wir Gefäße für das großzügige Herz Gottes werden und von unserem Wohlstand und unserer Substanz an andere abgeben. Gott hat die Welt nicht als Glücksrad geschaffen, bei dem einige gewinnen und andere leer ausgehen, je nachdem, wie der Zufall es will. Er hat uns und die Weise, in der wir als Menschen Erfüllung finden, nach der Grundregel geschaffen: „Geben macht glücklicher als Nehmen" (Apostelgeschichte 20,35). Gott hat uns so geschaffen. Er sagt: „Wenn du dein Leben zurück willst, dann verschenke es."

Es scheint unlogisch, aber es ist wahr. Wollen Sie Ihr Leben zurück? Dann geben Sie es Gott. Wollen Sie Zufriedenheit? Lernen Sie, Ihr Geld weise zu verschenken.

Loslassen lernen

Um das zu tun, müssen wir uns von der falschen Sicherheit und unserem falschen Stolz auf „unser" Eigentum trennen, zu dem Besitz uns immer wieder verleitet. Erinnern wir uns immer wieder daran: Geld kann uns keine Zufriedenheit und Lebenserfüllung erkaufen; viel wahrscheinlicher wird es uns Langeweile erkaufen. Erinnern wir uns an die Gefahren des Reichtums. Paulus schreibt: „Wie oft erliegen Menschen, die um jeden Preis reich werden wollten, den Versuchungen des Teufels, wie oft verfangen sie sich in seinen Netzen! Solche unsinnigen und schädlichen Wünsche stürzen die Menschen in den Untergang und ins Verderben. Denn alles Böse wächst aus der Habgier. Schon so mancher ist ihr verfallen und hat dadurch seinen Glauben verloren. Wie viel Not und Leid hätte er sich ersparen können!" (1. Timotheus 6,9.10)

Es geht nicht nur darum, dass wir die falschen und flüchtigen

Sicherheiten loslassen, sondern darum, dass wir uns umso mehr an das halten, was wirklich beständig ist. *Lernen wir es, von der Ewigkeit her zu denken.* Sich mit der Wirklichkeit der Ewigkeit vertraut zu machen, ist ein wunderbares Gegenmittel gegen das Seelengift des Materialismus. *Erleben wir die innere Freude des Gebens.* Diese Freude wächst uns dann zu, wenn wir die Haltung Jesu einnehmen, der uns sagt: „Umsonst habt ihr's empfangen; umsonst gebt es auch" (Matthäus 10,8; Luther).

Sich mit der Wirklichkeit der Ewigkeit vertraut zu machen, ist ein wunderbares Gegenmittel gegen das Seelengift des Materialismus.

Die Weisheit der Bibel weiß: „Wer ein gütiges Auge hat, wird gesegnet, weil er den Armen von seinem Brot gibt" (Sprichwörter 22,9; EÜ). Es mag in den Augen der Welt nicht sehr sinnvoll sein, aber es ist ein Gesetz im Reich Gottes: „Gebt, was ihr habt, dann werdet ihr so reich beschenkt werden, dass ihr gar nicht alles aufnehmen könnt. Mit dem Maßstab, den ihr an andere legt, wird man auch euch messen" (Lukas 6,38).

Aber beim Geben geht es nicht nur um Geld. Es ist eine Sache des Charakters.

Geistliche Großzügigkeit

Materielle Großzügigkeit ist nur der Anfang einer inneren Freiheit. Es gibt auch eine geistliche Großzügigkeit, eine Disposition, die uns dahin führt, dass wir eher geben und dienen als raffen und beanspruchen. Der Geist Jesu drängt uns zum Dienen. Und er erfüllt unser Herz mit der Freude, die aus dem selbstlosen Geben erwächst.

Es ist beschämend das zuzugeben – aber als ich anfing, zu predigen und in Gemeinden als Referent aufzutreten, litt ich unter der „Krankheit des Kleinen Mannes". Ich redete, weil ich den Applaus brauchte. Meine Predigtvorbereitung unterschied sich, moralisch gesehen, nicht sehr von dem eitlen Herausputzen, das manche Menschen brauchen, damit sie die Öffentlichkeit beeindrucken können.

Der Wandel, der sich diesbezüglich in mir vollzog, ist Folge einer göttlichen Herausforderung. Vor einigen Jahren betete ich für eine bestimmte Veranstaltung, und ich hatte den Eindruck, Gott sage mir, ich solle die Menschen, zu denen ich reden sollte, einfach lieben. Es war ein sehr befreiendes Wochenende, denn ich lernte etwas über den gewaltigen Unterschied zwischen einem Lehrer, der etwas Wichtiges mitteilen will, weil er seine Hörer liebt, und einem, der einen nachhaltigen Eindruck machen will.

Wie steht es mit Ihnen? Wenn Sie am Sonntagmorgen in der Kirche ankommen – sind Sie gekommen, um zu geben oder um zu empfangen? Wenn Sie nach der Arbeit nach Hause kommen, erwarten Sie, dass die Familie die Wagenburg um Sie herum baut, oder beten Sie – wie es ein Freund von mir tut: „Herr, gib mir die Kraft, dass ich ganz für meine Frau und für meine Kinder da sein kann"?

Wenn es Ihnen darum geht, zu empfangen, werden Sie die meiste Zeit Ihres Lebens enttäuscht sein. Wir leben in einer Welt, die viel zu sehr mit sich selbst beschäftigt ist, um noch Aufmerksamkeit für andere übrig zu haben. Wenn es Ihr Ziel ist zu geben, wenn es Ihnen Freude macht, andere zu ermutigen, dann wird es Ihnen nie an Erfüllung fehlen. Es wird immer genug Gelegenheiten zum Geben geben.

> *Wenn ein Geschöpf zum Gott gemacht wird, wird es zu einem Teufel.*
>
> Peter Kreeft

> *Gebt, was ihr habt, dann werdet ihr so reich beschenkt werden, dass ihr gar nicht alles aufnehmen könnt. Mit dem Maßstab, den ihr an andere legt, wird man auch euch messen.*
>
> Lukas 6,38

Kapitel 10

Wach sein für das Leben (Achtsamkeit)

Achte auf dich selbst; sieh zu, dass du die Lehre von Jesus Christus rein und unverfälscht weitergibst.

TIMOTHEUS 4,16

Wenn es um geistliche Dinge geht, kann es sich für die Ewigkeit fatal auswirken, wenn man es an der notwendigen Sorgfalt fehlen lässt.

GARY THOMAS

Als Christen sind wir zu einer bewussten Lebensführung und -gestaltung aufgefordert. Wir sollen uns um unsere geistliche Gesundheit ebenso kümmern wie um äußere Verantwortlichkeiten. Unser Geld verwaltet sich nicht von selbst. Beziehungen müssen gepflegt werden. Die Leidenschaft für Gott muss immer neue Nahrung erhalten. Unsere Verantwortung für eine Welt, die Gott nicht kennt, muss wach gehalten werden.

In der Tradition wird die Aufmerksamkeit auf diese Dinge die Tugend der Achtsamkeit genannt. Achtsam zu sein bedeutet, eine aufmerksame Wahrnehmung für das Leben zu haben, für unsere Herzenshaltung und unser Verhalten. „Bewahre deine Seele gut", heißt es 5. Mose 4,9 (L).

Auch Jesus akzentuiert seine Reden häufig mit dem Ruf zur Wachsamkeit: „Gebt Acht! Hütet euch vor jeder Art von Habgier!" (Lukas 12,15; EÜ) „Gebt Acht, dass man euch nicht irreführt!" (Lukas 21,8) „Wacht und betet, damit ihr nicht in Versuchung geratet!" (Matthäus 26,41; EÜ).

Wir leben in einer komplexen und herausfordernden Welt, in der Achtsamkeit unverzichtbar ist. Der berühmte Prediger J. C. Ryle warnte seine Hörer: „Diese Welt ist keine Welt, in der wir gedeihen können, wenn wir nicht nachdenken; und am wenigsten im Hinblick auf unser inneres Leben."[1]

Ein Gedankenfischer werden

Wer die Bedeutung der Achtsamkeit des Geistes erkannt hat, hat in der Regel eine Ahnung davon, dass sich in unseren Gedanken oder in unserem Herzen mehr abspielt als das, was wir wahrnehmen. Wir glauben, wir haben den Familienstreit oder die Auseinandersetzung mit dem Chef „gut weggesteckt". Aber in uns nagt und schwelt der Groll.

Wer seine eigene Seele kennt und versteht, verfügt über einen inneren Schatz.

Achtsamkeit ist die Haltung, die dem Heiligen Geist Raum und Zeit einräumt, damit er uns zeigt, was wirklich in uns vorgeht. „Der achtsame [Christ] ist ein Gedankenfischer", schreibt Johannes Climacus, „und in der Stille der Nacht kann er sie [die Gedanken] leicht beobachten und fangen."[2] Menschen, die ihre eigene Seele kennen und verstehen, sind innerlich so stark und reich, dass Climacus die Übung der Achtsamkeit als ein „Sammeln von Reichtümern" beschreiben kann.

Dieses letzte Bild spricht mich besonders an, denn es bewahrt davor, in der Haltung der Achtsamkeit nur eine weitere Verpflichtung zu sehen, und erschließt uns diese Haltung als eine Gabe und ein Geschenk. Warum ist Achtsamkeit ein Geschenk? Weil uns diese Haltung immer wieder aufrütteln wird, wenn wir etwa in eine gewohnheitsmäßige schlechte Stimmung abrutschen oder in eine schädliche innere Haltung verfallen. Wir werden es merken, wenn wir etwa mit einer Versuchung flirten oder uns zu viele Verpflichtungen eingehandelt haben. Achtsamkeit hilft uns, die Wahrheit über unser Leben zu erkennen, damit wir uns mit unseren Schwächen, die wir erkannt haben, an Gott wenden und bei ihm Hilfe finden können.

Glauben ist nicht harmlos

Die Bibel und die Schriften der Kirchenväter beschreiben das Leben des Glaubens häufig als Kampf. Je mehr es uns darum geht, im Glauben zu reifen und voranzukommen, umso intensiver wird auch der geistliche Kampf werden, in den wir hineingestellt sind. Climacus schreibt: „Kampf gegen uns ist ein Beweis dafür, dass wir tatsächlich einen Kampf führen … Gegen einen Menschen, der einfach als Privatmann lebt, sagen wir als Bürger, Matrose, Landarbeiter, werden die Feinde des Königs nicht zu Felde ziehen. Aber wenn sie sehen, dass er in die Dienste des Königs tritt und sein Banner und Schild, Dolch, Schwert, Bogen und Uniform des Soldaten empfängt, dann knirschen sie mit den Zähnen und tun alles, um ihn zu vernichten. Sorgen wir also dafür, dass wir nicht im Schlaf überrascht werden."[3]

Jesus lässt keinen Zweifel daran: Es gibt einen Feind unserer Seele. Wir tun gut daran, seine Strategien kennen zu lernen.

Es klingt überholt und altmodisch, wenn man heute vom Teufel redet. In unserer aufgeklärten Kultur haben wir uns weit davon entfernt, mit so etwas wie einer bösen Macht, die aktiv am Werk ist, zu rechnen. Und doch finden wir bei Jesus und den Aposteln häufig sehr klare Aussagen darüber, dass es einen Feind unserer Seele gibt. Wir wären töricht, wenn wir versäumen würden, seine Strategie kennen zu lernen und uns dagegen zu wappnen.

Beim Beten hatte ich kürzlich den Eindruck, dass Gott mich aufforderte, einmal genau anzuschauen, womit ich mich in den letzten Tagen beschäftigt hatte: das Fernsehprogramm, das ich angesehen hatte, die Bücher, die ich las, meine Begegnungen, meine Terminplanung … und alles gewann plötzlich eine neue Bedeutung. Mir wurde bewusst, dass ich aus all diesen Quellen Haltungen übernommen hatte, die keineswegs sehr geistlich waren. Zwar waren alle Einzelelemente dieser Einflüsse für sich genommen harmlos, aber im Zusammenhang gesehen trugen sie dazu bei, einen meiner wichtigsten Entschlüsse zu boykottieren. Diese Tatsache wäre mir von allein nie bewusst geworden.

Und das ist die gute Nachricht: Wir sind nicht auf unsere eigenen Fähigkeiten angewiesen, wenn es um die Wachsamkeit gegenüber unseren inneren Motiven und Kräften geht. Wir mögen einen unsichtbaren Feind haben – ganz sicher aber haben wir einen göttlichen Verbündeten: der Geist Gottes ist ein „Beistand", der uns die nötige Einsicht und Erkenntnis schenkt.

Einen ähnlichen Stellenwert wie die Rede vom Teufel hat heute das Thema der Sündhaftigkeit des eigenen Herzens. Auch dazu finden wir in den geistlichen Klassikern deutliche Worte. Der Puritaner John Owen nennt die Achtsamkeit „eine moralische Empfindsamkeit für die Schwäche und Verderbnis in uns". Er warnt: „Wir müssen die Bosheit der Sünde und die Macht der Versuchung erkennen, die gegen uns arbeiten. Wenn wir hier gleichgültig und kalt bleiben, werden wir ihren Fallstricken niemals entkommen."[4]

Weisheit von Gott

In der Grundhaltung der Achtsamkeit geht es nicht nur darum, sich selbst zu prüfen. Um das zu lernen, könnte man auch ein Buch über Management oder einen psychologischen Ratgeber lesen. Die Achtsamkeit des Christen schließt die Bitte um eine göttliche Offenbarung ein: die Bitte, dass jemand von außen uns die Wahrheit darüber aufschließt, was in den undurchsichtigen Tiefen unserer Seele wirklich vorgeht. Wir können hier unserer eigenen Einsicht nicht unbedingt vertrauen – wir brauchen die Weisheit Gottes.

Die Wachsamkeit des Christen rechnet damit, dass Gott selbst uns die verborgenen Motive unseres Herzens zeigt.

Jeanne Guyon legt besonderen Nachdruck darauf, dass es hier um ein Wirken Gottes in uns geht: „Weder dein Eifer noch deine Selbsterforschung werden dir deine Sünde offenbaren. Es ist vielmehr Gott, von dem diese Offenbarung ausgeht … Wenn du versuchst, selbst derjenige zu sein, der die Prüfung vornimmt, ist die Chance groß, dass du dich über dich selbst täuschst.“[5]

Wenn ich mit jemandem eine Auseinandersetzung habe, dann finde ich in der Regel jede Menge stichhaltiger Gründe dafür, dass ich zu Recht zornig bin. Aber morgens in der Stille hat Gott die Dreistigkeit, seinen Finger auf mich zu richten. Er hat den Nerv, darauf hinzuweisen, dass ich die Enttäuschung, die ich verspüre, überspiele. Dass *ich* es bin, der die Dinge treiben lässt. Dass *ich* es bin, der nicht mehr aus dem Glauben lebt. Dass *ich* die Gegenwart Gottes meide.

Diese göttliche Achtsamkeit im Gegensatz zum Selbst-Bewusstsein besitzt eine eigene Schönheit, und sie hat zwei Seiten. Zunächst einmal: Jede Zurechtweisung, die ich je von Gott erhalten habe, läuft letztlich auf eine Ermutigung hinaus. Ich weiß nicht, wie er das macht – aber Gott hat so eine Weise, mich zur Brust zu nehmen, dass ich mich anschließend fühle wie sein Lieblingskind. So ist Gott.

Und zum anderen: Wir leben in einer Zeit von Psycho-Geschwätz und wortreich verbrämter Selbsttäuschung. Gottes Achtsamkeit ist scharf und unbestechlich. Sie dringt hindurch durch die Sprache der Selbstrechtfertigung und trifft uns ins Herz. Wir wollen die Schuld für unser Verhalten abgeben – an all die Menschen, die uns ignoriert, missbraucht und traumatisiert haben. Gott möchte, dass wir die reinigende Erfahrung der Reue machen, und er zielt direkt auf unsere wahren Motive. Ja, wir können die Wahrheit zurückweisen – aber wir können nicht länger so tun, als kennten wir die Wahrheit nicht.

Achtsamkeit einüben

Achtsamkeit bedeutet, dass wir unsere äußere Welt so ordnen, dass unsere innere Welt gedeihen kann. Das heißt, dass wir in all unseren Entscheidungen die Frage berücksichtigen, wie sie sich auf unsere geistliche Gesundheit auswirken werden. Ryle schreibt: „Kein Ort, keine Arbeit ist gut für dich, wenn sie deine Seele verletzt. Kein Freund, kein Gefährte verdient dein Vertrauen, der die Angelegenheiten deiner Seele auf die leichte Schulter nimmt. Behalte jederzeit, morgens, mittags, abends, im Blick, was deiner Seele nützt. Stehe an jedem Tag mit dem Wunsch auf, dass deine Seele gedeihen möge; lege dich jeden Abend mit der Frage schlafen, ob deine Seele heute Fortschritte gemacht hat.“[6]

Achtsamkeit bedeutet, dass wir unsere äußere Welt so ordnen, dass unsere innere Welt gedeihen kann.

Ich verstehe das als Anregung, die natürlichen Rhythmen des Lebens (aufstehen, essen, schlafen gehen) zu nutzen, um unsere Seele gut zu „warten“. Achtsamkeit ist eine unaufdringliche, aber entschiedene Geisteshaltung, die durch viele kurze Gebete gepflegt wird – in Momenten, in denen wir fragen: „Gott, was geht hier vor?“ Ich nenne das „kurz einchecken“.

Ein Wort der Vorsicht zum Schluss: Die Haltung der Achtsamkeit ist ein Werkzeug, das unser Herz freisetzen will, damit wir Gott lieben, genießen und ihm dienen können. Es ist nicht dazu da, Menschen zu neurotischen religiösen Erbsenzählern zu machen. Wir können in der liebenden Gegenwart Gottes leben, die uns verwandelt, und so lernen wir, immer aufmerksamer dafür zu werden, was in uns und um uns vorgeht – *ohne* Schuldgefühle, Selbstverurteilung oder neurotische Selbstbespiegelung.

> *Dir mag deine Seele egal sein; dem Teufel ist sie es nicht.*
>
> J. C. Ryle

> *Weder dein Eifer noch deine Selbsterforschung werden dir deine Sünde offenbaren. Es ist vielmehr Gott, von dem diese Offenbarung ausgeht … Wenn du versuchst, selbst derjenige zu sein, der die Prüfung vornimmt, ist die Chance groß, dass du dich über dich selbst täuschst.*
>
> Jeanne Guyon

Kapitel 11

Realistische Erwartungen (Geduld)

Lerne geduldig zu leiden. Gott mag häufiges oder wohl auch schweres Leid in dein Leben legen. Das ist sein Werk; er hat es ausgewählt. Akzeptiere es.

JEANNE GUYON

Geduld ist die Tugend, die Gott uns schenkt, damit wir realistischer in einer Welt leben können, in der viele Dinge schiefgehen und in der Enttäuschung eine verbreitete Erfahrung ist.

GARY THOMAS

Eine medizinische Studie, die vor einigen Jahren veröffentlicht wurde, zeigt, dass das Herzinfarktrisiko für Menschen mit einem hohen Potenzial an Ärger dreimal so hoch ist wie das anderer Menschen. Die Studie formulierte: „Ärger tötet. Wir meinen hier nicht den Ärger oder die Wut, die Menschen dazu bringt, andere zu erschießen, erstechen oder sonst wie zu schädigen. Wir meinen vielmehr den kleinen Alltagsärger: Ärgerlichkeiten und Irritationen, die Geist und Körper vieler vollkommen normaler Menschen belasten. Unter den falschen Bedingungen ist Zorn wie eine kleine Dosis eines langsam wirkenden Giftes … die Sie jeden Tag einnehmen.“[1]

Gehen Sie einfach einmal in ein Einkaufszentrum und beobachten, wie gereizt und ärgerlich die Leute auf die kleinsten Störungen reagieren. Eine tägliche Dosis Gift! Aber Gott hat etwas anderes für uns im

Sinn. Er will uns in die Lage versetzen, anderen mit Großzügigkeit und Geduld zu begegnen. Sie können die Bitterkeit des Urteilens und Verurteilens und des Zorns in eine Haltung verwandeln, die zur Geduld führt. Es könnte Ihr Leben retten …

Wurzelgrund der Ungeduld

Vor zweitausend Jahren enttarnte der Apostel Jakobus die Brutstätte der Ungeduld: unerfüllte Wünsche. „Wieso gibt es denn bei euch so viel Kämpfe und Streitigkeiten? Kommt nicht alles daher, dass ihr euren Leidenschaften und Trieben nicht widerstehen könnt? Ihr wollt alles haben und werdet nichts bekommen" (Jakobus 4,1.2).

Ungeduld ist die Sucht nach Behaglichkeit, Annehmlichkeiten und danach, dass all unsere Bedürfnisse befriedigt werden. Wenn wir auf der Fahrt zur Arbeit spät dran sind, erwarten wir, dass sich gefälligst alle anderen Autofahrer aus dem Staub machen und uns nicht behindern. Haben wir Kopfschmerzen, erwarten wir, dass andere das selbstverständlich intuitiv erahnen und uns nur im Flüsterton ansprechen. Selbst das Wetter hat sich gefälligst nach unseren Planungen zu richten.

Zu erwarten, dass sich die Dinge genau so entwickeln, wie es mir in den Kram passt, ist geistlicher Selbstmord. Die Welt dreht sich nicht um mich.

Zorn entsteht dort, wo wir über längere Zeit Ungeduld aufstauen. Eine Mutter mit kleinen Kindern, die ständig streiten, herumtoben und den ganzen Tag ununterbrochen Aufmerksamkeit fordern, kann in ihrem Wunsch nach Ruhe und Frieden sehr frustriert werden. Für eine Firma zu arbeiten, die in Bürokratie erstickt und wo immer die falschen Leute für die falschen Jobs eingestellt werden, kann unendlich frustrierend sein.

Das Leben stellt uns in Konflikte. Es ist unrealistisch, ungesund und kommt einem geistlichen Selbstmord gleich, wenn wir mit der Erwartung leben, dass sich die Dinge genau so ordnen und entwickeln, wie es uns in den Kram passt. Das Leben ändert seine Spielregeln nicht, nur weil ich Christ bin. Je eher wir das akzeptieren, umso eher können wir anfangen, von der Tugend der Geduld zu profitieren.

Ungeduld im geistlichen Leben

Selbst die Weise, wie wir unser Glaubenswachstum „angehen", verrät, wie süchtig wir danach sind, dass die Dinge so laufen, wie es uns passt. Wenn wir Christus ähnlich werden sollen – dann soll es bitte schön *jetzt* geschehen. Eine Entscheidung, eine intensive Gebetszeit, ein großer Entschluss, und dann soll es bitte geschafft sein. Schlechte Gewohnheiten raus, geistliche Haltungen rein!

Es sind gerade die hart erkämpften Siege, die wirklich nachhaltig sind.

Was wir dabei übersehen ist, dass es gerade die hart erkämpften Siege sind, die wirklich nachhaltig sind. Kämpfen ist – per Definition – nicht leicht. Mehr noch, Kampf bedeutet nicht selten auch Niederlage – oder zumindest gravierende Rückschritte. Aber es ist die Erfahrung des Kampfes, die die tiefere Wahrheit über uns selbst ans Licht bringt. Der langsame Weg durch den Prozess der Veränderung bringt am Ende ein befriedigenderes Ergebnis. „Gut und gottgefällig ist jene Einfachheit, die einige von Natur aus besitzen", sagt Johannes Climacus, „aber besser noch ist jene, die aus einer verdorbenen Natur durch harte Arbeit herausgehauen wurde."[2]

Es ist unsere natürliche Tendenz, auch im geistlichen Leben die Abkürzungen zu suchen. Aber eine Veränderung, die in unserem Inneren verankert ist, ist wirksamer und nachhaltiger. Was wir brauchen, während wir Geduld lernen, ist – ironischerweise – Geduld mit uns selbst. Johannes Climacus schreibt: „Ich kann nicht sagen, warum manche

Menschen von Natur aus sanftmütig zu sein scheinen. Andere müssen hart gegen die eigene Natur kämpfen, um diese Sanftheit zu erreichen; sie müssen sich nach allen Möglichkeiten zu dieser Sanftheit zwingen und erleiden dabei auch gelegentlich Rückschläge; aber mir scheint, dass genau diese Tatsache, dass sie gegen sich selbst kämpfen müssen, sie in eine höhere Kategorie hineinstellt als die erste Sorte."[3]

Wie Geduld „funktioniert"

Der erste Schritt auf dem Weg zur Geduld besteht darin, Unbehagen zu akzeptieren. Paulus ruft uns auf: „Seid geduldig in Trübsal" (Römer 12,12, L). Jegliche Tugend wächst nur dort, wo wir in der Haltung der Demut annehmen, was Gott uns über den Weg schickt. Das heißt nicht, dass wir einfach nur unseren Ärger oder Groll unter Verschluss halten sollen. Es heißt vielmehr, dass wir unseren Ärger sterben lassen sollen, ihn kreuzigen – und zwar in der Haltung der Hingabe und der Nicht-Anhänglichkeit. Wir müssen gegen unsere Neigung zum Jammern rücksichtslos vorgehen und aufhören, unseren unreifen und unrealistischen Erwartungen immer neue Nahrung zu geben. Solche Erwartungen ruinieren das Leben. Je eher wir uns von unseren Fantasievorstellungen befreien, umso besser.

Ansprüche und unrealistische Erwartungen ruinieren das Leben.

Ein zweiter Schritt: Üben wir die Vergebung. Paulus schreibt dem Timotheus, dass die Geduld Jesu „grenzenlos" ist (1. Timotheus 1,16). Machen Sie sich das einmal klar: Geduld, die *keine Grenzen* hat. Es gibt keinen Punkt, an dem Gott Ihnen die Freundschaft kündigt. Kein: „Jetzt reicht es mir mit meinem Bodenpersonal!" Warum? Gott vergibt – und lässt uns neu anfangen. Ungeduld bricht nur dort auf, wo wir uns an die Vergangenheit klammern.

Drittens: Halten wir uns doch mit sofortigen Reaktionen zurück und nehmen wir uns eine Bedenkzeit, um unsere Motive und unsere Wünsche zu prüfen. Der Ehemann, der explodiert, wenn die Probleme seiner Frau sich nicht von jetzt auf gleich in Luft auflösen, könnte eventuell zutiefst den Wunsch hegen, eine wirkliche Beziehung zu einem lebendigen Menschen zu meiden. Er will einfach nicht belästigt werden und vergisst, dass es genau das ist, worum es in Beziehungen geht: belästigt zu werden. Die Frau, die außer sich gerät, weil die Friseuse ihre Angaben falsch verstanden hat, sollte sich ernsthaft fragen, welche Haltung des Herzens sich darin offenbart. Ist ihr die eigene Unannehmlichkeit wichtiger als das emotionale Gleichgewicht einer sehr beanspruchten Friseuse? Hat sie selbst noch nie einen Fehler gemacht?

Zutiefst unter all diesen Erscheinungsformen von Geduld oder Ungeduld liegt die Tatsache, dass wir Weisheit benötigen. „Einsicht macht den Menschen langmütig, sein Ruhm ist es, über Verfehlungen hinwegzusehen“, heißt es in Sprüche 19,11 (E). Christus und seine Geduld können besser durch uns hindurch sichtbar werden, wenn wir das Wesen dieser Welt verstehen – sie ist ein Ort, wo Enttäuschungen und Versagen der Normalfall sind, die „gefallene Schöpfung“, in der an jedem Tag die Dinge schief gehen. Erinnern wir uns oft an diese Tatsache – und wir werden weniger überrascht und daher weniger verärgert sein, wenn die Dinge dann wirklich schief laufen.

Ungeduld steigt dort auf, wo wir anfangen, die himmlische Seligkeit hier auf Erden zu suchen.

Weisheit schließt ein, dass wir die Perspektive auf die Ewigkeit bewahren. Ungeduld steigt dort auf, wo wir anfangen, die himmlische Seligkeit hier auf Erden zu suchen. Gott wird uns ganz sicher entlohnen, aber bis dahin müssen wir lernen, uns in Geduld zu fassen und zu warten.

Wer wirklich geduldig geworden ist, hat sich von dem Wunsch verabschiedet, die Welt solle ihn lieben, beachten und ihm freundlich begegnen. Stattdessen ist seine Liebe zu Gott gewachsen. „Lerne, alles, was dir zustößt, zu ertragen; aber lerne dies aus einem einzigen Motiv zu tun: der Liebe zu Gott.“[4]

Gott bietet uns eine Liebesbeziehung an, die uns zwar nicht vor Schwierigkeiten bewahren wird, durch die wir aber in diesen Schwierigkeiten niemals allein und machtlos sind. Das ist unser Erbe als Christen. Wir können lernen, mit Geduld anzunehmen, was Gott uns in den Weg legt. Denn das ist seine Weise, unser Leben von dieser Welt zu befreien und unsere seelische Kraft zu stärken.

Wenn wir lernen, in der Gemeinschaft mit Gott zu leben, im Geist Jesu, der ein Geist der Geduld ist, dann werden wir unsere so leicht verärgerte Seele in einen Schrein des Friedens verwandeln.

> *Wenn wir lernen, in der Gemeinschaft mit Gott zu leben, im Geist Jesu, der ein Geist der Geduld ist, dann werden wir unsere so leicht aufbrausende Seele in einen Schrein des Friedens verwandeln.*
>
> GARY THOMAS

> *Seid freundlich und geduldig! Geht in Liebe aufeinander ein.*
>
> EPHESER 4,2

Kapitel 12

Ins Herz der Dinge sehen (Geistliche Urteilsfähigkeit)

Die Hölle selbst ist Wahrheit, die zu spät erkannt wurde.

J.C. Ryle

Der Geist der Unterscheidung hüllt unsere Gedanken in die Gegenwart, Schönheit und Gemeinschaft Jesu Christi. Wir erleben kein andauerndes Hochgefühl, aber unser Herz wird beständig „erwärmt", sodass es bereit ist, Jesus und seine Gegenwart zu genießen, die uns an jedem Tag begleitet.

Gary Thomas

„Sie müssen lernen, Menschen zu lesen wie ein Buch."

Dieser Satz stammt von Frank Buchman, dem Anführer der Oxford-Bewegung, die auch als Moralische Aufrüstung bekannt wurde. Und Buchman selbst verfügte über diese Fähigkeit. Im Gespräch mit einem der reichsten Männer Indiens richtete Buchman plötzlich einen eindringlichen Blick auf ihn und sagte, Gott habe ihm deutlich gemacht, er solle ihm ausrichten: „Hören Sie auf zu stehlen." Sein Gesprächspartner verließ wutschnaubend den Raum ... und kam am nächsten Tag zurück, um zu bekennen, dass er seit Jahren Steuern hinterzog.

Ein britischer Offizier klagte Buchman sein Leid im Hinblick auf seinen Sohn. Er bete für ihn, schleppe ihn in die Kirche, lasse ihn Bibelworte lernen – und der Junge sei dennoch voller Hass. Buchman sah ihn an und fragte: „Haben Sie Ihrem Sohn schon einmal erzählt, wie Sie selbst in seinem Alter waren – und wie Sie heute sind?"

Der Vater protestierte: „Das wäre dem Jungen peinlich. Wir Engländer tun so etwas nicht." Worauf Buchman antwortete, dass es wohl dem Vater peinlicher sei als seinem Sohn und dass sein Stolz ihm wichtiger sei, als seinem Sohn das zu geben, was ihm am meisten helfen würde.

Es kann fast unheimlich sein, wenn man Zeuge einer solchen Fähigkeit eines Menschen ist, zu erkennen, was im Inneren anderer Menschen vor sich geht. Aber sowohl die Bibel als auch die Geschichte der Kirche liefern uns eine Fülle von Beispielen dafür, dass ein geheiligtes Leben jede Faser unseres Seins belebt und aufweckt und auch diese Wachheit für andere hervorbringt, die in der christlichen Tradition geistliche Urteilsfähigkeit oder auch die Unterscheidung der Geister genannt wird. Die Gegenwart Jesu schärft unseren Blick für die Wahrheit in allen Begegnungen mit Menschen und in den unterschiedlichsten Situationen. Sie verleiht eine besondere Art von „Durch-Blick".

Durchblick in Herzensangelegenheiten ist eine Frucht eines ganz für Gott geöffneten Lebens.

Jonathan Edwards, der große amerikanische Prediger des achtzehnten Jahrhunderts, schreibt: „Das Gotteskind ist von der Gnade beeinflusst, denn es nimmt mehr von den göttlichen Dingen wahr als zuvor."[1] Das ist ein Echo der Psalmen: „Du machst mich mit deinem Gebot weiser, als meine Feinde sind; denn es ist ewiglich mein Schatz. Ich habe mehr Einsicht als alle meine Lehrer; denn über deine Mahnungen sinne ich nach. Ich bin klüger als die Alten, denn ich halte mich an deine Befehle" (Psalm 119,98-100).

Geistliche Einsicht erwächst daraus, dass wir in allen Dingen die Perspektive Gottes einnehmen. Gott versteht die Beweggründe unseres Handelns, unsere Ängste und Sehnsüchte. Aber er weiß auch, wie die

Welt funktionieren sollte – dass Beziehungen Vorrang haben sollten vor Besitz, dass Verbindlichkeit und Einsatz füreinander Vorrang haben sollten vor dem eigenen Vergnügen, das Ewige Vorrang vor dem Zeitlichen. Wenn wir Gott wirklich kennen, wenn wir auf ihn hören und das Wesen Jesu sich in uns ausbildet, schenkt er uns diese Art von Einsicht und Erkenntnis.

Wir reden viel von Gottes Macht, von seiner Gegenwart und seiner Liebe. Haben wir auch Gottes Schönheit schon entdeckt, die unser Herz bezaubern kann?

Johannes Climacus beschreibt die Unterscheidungsgabe als „eine sichere Einsicht in den Willen Gottes zu jeder Zeit, an jedem Ort, in jeder Angelegenheit, die man nur bei Menschen findet, die rein sind – im Herzen, an ihrem Leib und ihrer Rede."[2] Diese Einsicht strebt danach, den Verstand in der Weisheit Gottes zu schulen. Was daraus erwächst, sind keine neuen Dogmen oder esoterischen Auslegungen – die Weisheit Gottes ist unveränderlich –, sondern dieses Streben nach Erkenntnis schafft ein unübertroffenes Verstehen und eine geschärfte Wahrnehmung für die Wirklichkeit, die manchmal vielschichtig ist.

Jesus besaß diese Art von geschärfter Wahrnehmung. Die Bibel sagt, dass die Menschen erstaunt und erschrocken waren über seine Lehre, denn er lehrte mit einer besonderen Vollmacht (vgl. Matthäus 7,29). Seine Worte trafen die Menschen ins Herz und machten etwas sichtbar, was sie nie zuvor gesehen oder gehört hatten. Wie können wir in dieser Eigenschaft Jesu, seiner tiefen Gottes-, Menschen- und Welterkenntnis, wachsen?

Zu den Schlüsseln, die das Tor zu dieser geistlichen Urteilsfähigkeit öffnen, gehören drei Fähigkeiten: die Fähigkeit, die Schönheit geistlicher Dinge wahrnehmen zu können, ein verfeinerter Geschmack für geistliche Dinge und zunehmende Erfahrung.

Ein Sinn für die Schönheit Gottes

Gott ist nicht nur schön – er ist die *Schönheit* selbst. Schönheit kann uns über uns selbst hinausheben. Die Schönheit der Natur kann uns in selbstvergessenes Staunen und unwillkürlichen Lobpreis versetzen Männer begehen die größten Dummheiten, um die Aufmerksamkeit einer schönen Frau zu gewinnen. Ganz ähnlich werden wir radikalste Entscheidungen treffen, um dem Willen eines Gottes zu entsprechen, der schön ist – vorausgesetzt, wir haben Augen, die diese Schönheit zu würdigen wissen.

Die Grundlage jeder geistlichen Einsicht ist ein Sinn für die Schönheit Gottes.

Jonathan Edwards sagt, geistliches Verständnis beginnt mit einem Sinn für „geistliche Schönheit". „Denn wer die Schönheit der Heiligkeit nicht sieht, kann die Anmut des Geistes Gottes nicht würdigen. Und ohne das gibt es nur Unkenntnis der gesamten geistlichen Welt."[3]

Wer kein Licht wahrnehmen kann, ist blind. Licht ist eine Grundkomponente des Sehens; wenn jemand das Licht nicht sehen kann, dann kann er überhaupt nichts sehen. In ähnlicher Weise ist die Schönheit Gottes die Grundkomponente jeglicher geistlicher Einsicht und Erkenntnis. Wenn wir diese Grundkomponente übersehen, werden wir uns an diese gefallene Welt gewöhnen oder sogar unser Herz daran hängen. Wir werden Dinge für wertvoll halten, die wir nicht für wertvoll halten sollten, und wir werden das Allerkostbarste mit Geringschätzung betrachten. Unsere Prioritäten werden aus dem Gleichgewicht geraten und entsprechend verdunkelt wird unsere Erkenntnis sein.

Die Schönheit der geistlichen Welt bildet den Hintergrund für unseren Gehorsam. Und an dieser Schönheit können wir unseren geistlichen Geschmack schulen. Es wird uns dann leidenschaftlich wichtig sein, das wertzuschätzen, was Gott schätzt, die Dinge mit seinen Augen zu sehen. Jede gesetzliche Pflichterfüllung verblasst gegenüber der Freude an der Schönheit Gottes.

Ein verfeinerter Geschmack für das Heilige

Buchman „sah deutlich, dass der Grund dafür, dass so viele Christen im Blick auf die Geschicke ihres Volkes oder ihrer eigenen Familie zwar wohlmeinend, aber ohnmächtig sind, darin liegt, dass sie Christus mit den Lippen bekennen, aber ihn mit ihrem Leben kompromittieren. Er sah, dass jede gültige Glaubenserfahrung mit einem tief greifenden moralischen Wandel einhergeht. Er sah, dass die, die den Glauben zwar bekannten, aber nicht lebten, vor den Menschen die Macht Gottes als wirksame Kraft in ihrem Leben verneinten."[4]

Biblisch gesehen gibt es einen Zusammenhang zwischen Unmoral und Torheit. Wenn wir nicht hingerissen sind von Gott und seiner Herrlichkeit, seiner Majestät, seiner Größe und Schönheit, dann verachten wir den Maßstab, an dem jede menschliche Tat, jeder Gedanke, jede Handlung sich messen lassen muss. Aber wenn wir hingerissen sind von Gott, wird uns alles, was Gott entgegensteht, abstoßen. Heiligkeit wird so ganz wörtlich eine Geschmacksfrage. Edwards schreibt: „Wenn einem Menschen mit geistlicher Erkenntnis ein unwürdiges oder unheiliges Vorhaben angetragen wird, sieht das geheiligte Auge keine Schönheit darin und empfindet auch keine Freude darüber. Ein geheiligter Geschmack wird sich entsetzt abwenden."[5]

Wenn wir hingerissen sind von Gott, wird uns alles, was Gott entgegensteht, abstoßen.

Wenn unser geistlicher Geschmack sich mehr und mehr ausbildet, werden wir auf Sünde reagieren wie auf verdorbene Nahrung: Wir spucken sie aus. Deshalb ist es so wichtig, dass wir uns nicht auf unsere äußere Disziplin in religiösen Aktivitäten verlassen, sondern ein wirkliches inneres Leben pflegen. Wie wir automatisch die Nase rümpfen, wenn wir saure Milch riechen, so wird unser Geist schaudern, wenn wir der Sünde begegnen – weil wir einen geistlichen Geschmack erworben haben, der untrüglich ist.

Erfahrungen

Unser Glaube gründet sich auf Wahrheit, nicht auf Erfahrung. Aber Weisheit und Einsicht wachsen in uns durch Erfahrung. Indem wir die Wirklichkeit Jesu Christi und die Schönheit eines Lebens nach der Weisheit Gottes *erfahren,* geschieht in uns eine Verwandlung. Allmählich hören wir auf, einfach nur religiöse Kritiker, Besserwisser und Sündenjäger zu sein. Stattdessen werden wir mehr und mehr erkennen, welche verborgenen Motive die Herzen von Menschen gefangen halten und ihr Leben schwach, gewöhnlich und elend machen.

Wollen wir wirklich dieser Welt Christus bringen? Oder wollen wir nur wissen, wie die Spielregeln sind? Jugendliche werden nicht deswegen einen Lebensstil sexueller Promiskuität aufgeben, weil wir überzeugend darlegen können, dass ein solcher Lebensstil den Charakter beschädigt. Ein Ehepaar, das an die Scheidung denkt, wird kaum auf eine wortgewaltige Predigt reagieren, die darlegt, wie das Zerbrechen der Ehen die Gesellschaft schädigt. Die Selbstverleugnung, die hier nötig ist, wird nur hervorgerufen werden, wenn das Herz überführt und der Verstand erleuchtet wurde. Nur dann werden auch die Augen dafür geöffnet, wie hässlich das ist, was zuvor als romantische Erfahrung erschien. Wenn wir den Menschen wirklich und wirkungsvoll dienen wollen, müssen wir in der Lage sein, *Erfahrung* weiterzugeben.

Wenn Heiligkeit eine Idee ist und keine Leidenschaft, wenn Gott eine anonyme Macht ist und nicht der Liebhaber der Seele, dann werden unsere Worte leblos und schwach sein.

Man kann alles über Jazz lesen, aber wenn man keinen Jazz hört, bleibt das Ganze ein theoretisches Konzept. Man kann alles über das geistliche Leben lesen, aber bevor Sie es nicht selbst erleben, wird es Ihr Herz nicht wirklich gefangen nehmen. Die Menschen suchen nach glaubhafter geistlicher Erfahrung. Deshalb ist es so bedeutsam, dass

Gemeinden das Evangelium gleichsam „verkörpern“ – greifbar, sichtbar, spürbar, erfahrbar machen.

Ob jemand über wirkliche geistliche Erfahrung verfügt, wird in der Regel deutlich, sobald er predigt. Wenn Heiligkeit eine Idee ist und keine Leidenschaft, wenn Gott eine anonyme Macht ist und nicht der Liebhaber der Seele, dann werden die Worte leblos und schwach sein. Wir haben, wie es scheint, eine Antenne dafür, ob jemand selbst mit der Wahrheit, die er predigt, lebt und ringt oder nicht – und das macht den entscheidenden Unterschied.

Geistliches Muskelaufbautraining

Wenn wir Weisheit erwerben, wird unser Geist eine Waffe im Kampf des Glaubens, ein geistlicher Muskel. Es war Jesus, der dem inneren Menschen eine entscheidende Rolle im Glaubensleben zuwies. Die Pharisäer hätten sich zu gern auf äußere Pflichterfüllung zurückgezogen, aber Jesus stellte lustvolle Fantasien auf eine Ebene mit lustgesteuerten Taten, mörderische Gedanken galten ihm gleich schwer wie die mörderische Tat.

Gott hat uns mit moralischem Verständnis ausgestattet. Wir sind nicht die Sklaven unserer Instinkte. Wir können auf unterschiedliche Weise reagieren und uns klar für eine Option unter mehreren Möglichkeiten entscheiden. Wir können sagen: „Nein, diese Verhaltensweise lehne ich ab, sie steht nicht im Einklang mit der Schönheit und Heiligkeit des Lebens, das Gott mir anbietet.“

Ich kann meinen Geist trainieren, wie ich einen Muskel trainiere. Dann erinnere ich mich beispielsweise daran, *warum* ich auf die Umstände meines Alltags auf eine bestimmte Weise reagieren will. Ich denke daran, woraus dauerhafte Erfüllung erwächst, wie man ein Leben gestaltet, das einen Sinn hat, und daran, dass ich Gott nicht betrüben will, der mir mit so großem Erbarmen begegnet ist.

Der Haltung Jesu nachzueifern ist eine Entscheidung, die durchaus nicht wenige Kämpfe nach sich ziehen mag. Manchmal, so habe ich entdeckt, lässt sich diese Haltung Jesu nur mit einer wilden Entschlossenheit bewahren: „Ich *will und werde* meine Gedanken und mein Herz jetzt auf Gott und seine Dimension richten. Ich *will und werde* mich nicht von den irdischen Angelegenheiten gefangen nehmen lassen."

Wir sind nicht die Sklaven unserer Instinkte. Wir können auf unterschiedliche Weise reagieren und uns klar für eine Option unter mehreren Möglichkeiten entscheiden.

Aber wenn ich mich an Jesus orientiere, werde ich in diesen geistlichen Kampf niemals allein ziehen müssen. Ich werde niemals schutzlos sein. Jesus und das gesamte Zeugnis der Bibel stimmen darin überein: Nutze deinen Geist wie einen Muskel. Trainiere ihn. Lebe bewusst und klug. Werde weise – indem du die Weisheit der Bibel in dich aufnimmst und sie kraftvoll in deinem Leben zum Einsatz bringst.

Leben in der Gegenwart Jesu

Wenn wir etwas Neues und Faszinierendes erleben – eine Bekanntschaft, eine Aufgabe, ein Hobby –, dann ist es manchmal schwer, die Gedanken davon abzuwenden. Wir träumen davon. Wir wachen auf und unser erster Gedanke gilt dieser Sache. Wir leben ganz und gar darin.

Die Achtsamkeit hüllt uns ein in die Gegenwart, Schönheit und Gemeinschaft Jesu. Wir erleben kein andauerndes Hochgefühl, aber unser Herz wird beständig „erwärmt", sodass es bereit ist, Jesus und seine Gegenwart zu genießen, die uns an jedem Tag begleitet. Und die Gegenwart Jesu verändert uns. Er verfeinert unseren geistlichen Geschmack; er setzt „geistliche Muskelkraft" hinter unseren Entschluss, aufrichtig vor ihm zu leben; er schenkt uns Erkenntnis und Einsicht; er führt uns zu immer neuer Erfahrung mit ihm.

> *Und stellt euch nicht dieser Welt gleich, sondern ändert euch durch Erneuerung eures Sinnes, damit ihr prüfen könnt, was Gottes Wille ist, nämlich das Gute und Wohlgefällige und Vollkommene.*
>
> RÖMER 12,2 (L)

> *Stellen Sie sich einmal vor, wie es wäre, wenn jemand, der Ihnen begegnet ist, von dieser Begegnung für den Rest seines Lebens verwandelt wäre. Ich kann mir nichts Lohnenderes vorstellen als dies, das Licht Jesu so intensiv zu erfahren, dass andere in meinem Leben, darin, wie ich ihnen begegne, in meinen Worten, Ihn spüren, und sei es noch so leise.*
>
> GARY THOMAS

Kapitel 13

Überschwänglich leben (Dankbarkeit)

Die Gnade besucht immer den, der von Herzen dankbar ist.

THOMAS Á KEMPIS

Was mich fasziniert ist die Tatsache, dass jedes Mal, wenn wir uns entscheiden, dankbar zu sein, es leichter macht, Neues zu entdecken, wofür wir dankbar sein können. Dankbarkeit zeugt geradezu neue Dankbarkeit, gerade so, wie Liebe Liebe zeugt.

HENRI NOUWEN

William Law, der anglikanische Geistliche des 18. Jahrhunderts, stellt eine interessante Frage: „Möchten Sie wissen, wer der größte Heilige dieser Erde ist?“ Seine Antwort ist faszinierend:

„Nicht der, der am meisten betet oder fastet. Nicht der, der am meisten Geld spendet … sondern der, der Gott in jeder Lage dankbar ist, der nichts anderes will als das, was Gott will, und der alles, was geschieht, als Zeichen der Güte Gottes versteht und in seinem Herzen jederzeit bereit ist, Gott für alles zu preisen.“[1]

Das Öl, das das christliche Leben am Brennen erhält

Der dankbare Christ hat einen Blick für die Güte Gottes entwickelt. Er glaubt, dass Gott in allen Umständen seinen Willen verwirklichen kann. Er ist demütig genug, zu akzeptieren, dass Gottes Güte nicht durch das Maß dessen begrenzt ist, was wir verstehen. Das ermöglicht es ihm, auch dann noch einen Grund zur Dankbarkeit zu finden, wenn die Dinge ganz und gar kein Anlass dazu zu bieten scheinen.

Epheser 5,20 sagt uns: „Dankt Gott, dem Vater, zu jeder Zeit, überall und für alles!" 1. Thessalonicher 5,18 ist noch direkter: „Dankt Gott für alles. Denn das erwartet Gott von euch, weil ihr zu Jesus Christus gehört."

Dankbarkeit ist der Brennstoff, aus dem das christliche Leben seine Energie bezieht.

Dankbarkeit ist einer der schönsten Wesenszüge Jesu. Sie ist zugleich die stärkste geistliche Kraftquelle. Natürlich ist es eine Tatsache, dass wir Gott Dank schulden und dass er unsere Dankbarkeit verdient. Aber diese Haltung des Verpflichtetseins („Ich weiß, ich sollte dankbar sein …") ist keine gute Motivation.

Dankbarkeit als Grundhaltung ist vielmehr so etwas wie ein Brennstoff, aus dem das christliche Leben seine Energie bezieht und der uns in einer Wachstumsrichtung unseres Lebens in Bewegung hält – und zwar auch dann, wenn es über steile Hügel oder unebenes Gelände geht. Wenn wir es nicht lernen, die Dankbarkeit des Herzens zu kultivieren, werden wir über kurz oder lang in der Bitterkeit erstarren. Ich stelle mir die Dankbarkeit gern vor als Gottes „geistlichen Frischluft-Stick". Sie vertreibt den schalen Dunst des Grolls und der Unzufriedenheit durch klaren, erfrischenden Sauerstoff, in dem die Seele aufatmen kann.

Mit anderen Augen sehen

Ich war dabei, ein undichtes Toilettenbecken zu reparieren – und ich fand diese Aufgabe alles andere als reizvoll. Allmählich stieg der Unmut in mir hoch. Ich wünschte mir einen freien Tag. Nein, ich *verdiente* eigentlich einmal eine richtige Ruhepause. Ich könnte einen schönen Spaziergang in frischer Luft gut gebrauchen. Stattdessen kroch ich hier bei nicht sehr angenehmen Düften auf dem Fußboden herum …

Aber dann dachte ich daran, wie froh wir gewesen waren, als wir dieses alte Haus gefunden hatten. Es war für uns eine direkte Gebetserhörung. Ich erinnerte mich an unsere frühere kleine Wohnung. Einmal hatte uns ein Kind aus der Nachbarschaft besucht – und ihre Augen wurden groß vor Staunen, dass unsere kleine Tochter ein Zimmer (wenn auch nur ein kleines) ganz für sich allein hatte. Dieses Mädchen wohnte mit drei anderen Familien in einer Sozialwohnung. Sie konnte es nicht fassen, wie viel Platz unsere Tochter zum Spielen hatte. Nach ein paar weiteren Erinnerungen dieser Art war mein Groll verschwunden und die Dankbarkeit fand jede Menge Nahrung.

Haben Bitterkeit und Groll schon jemals ein krankes Kind gesund gemacht?

Vielleicht möchten Sie jetzt einwenden: „Ist es wirklich so einfach? Schließlich gibt es Situationen, die wirklich schlimm sind. Ist Dankbarkeit nicht naiv? Wie soll man dankbar sein, wenn das Kind behindert zur Welt kommt? Oder die Schulden einen auffressen?

Darf ich eine Gegenfrage stellen: Haben Bitterkeit und Groll schon jemals ein krankes Kind gesund gemacht? Ein Bankkonto wieder aufgefüllt? Oder ein kaputtes Klo instand gesetzt?

Natürlich – dankbar zu sein ist keine magische Methode, die uns die Schwierigkeiten des Lebens vom Leib hält. Schmerzhafte Verluste bleiben schmerzhaft. Aber die Dankbarkeit verändert die Weise, wie wir solchen Schwierigkeiten begegnen. Schwierigkeiten werden kommen, das steht fest. Gerade deshalb brauchen wir die Kraft – und es ist in der Tat eine beachtliche Kraft – einer Geisteshaltung, die es uns ermöglicht, auch in der aufgewühlten See solcher Lebensphasen den inneren Frieden und die Freude an Gott nicht zu verlieren.

Schritte auf dem Weg zu einem dankbaren Herzen

Ich habe eine Übung lieb gewonnen, in der ich bewusst Ausschau halte nach etwas, wofür ich Gott danken kann. Aber ich muss zugeben: Die Reise, die aus mir, dem gewohnheitsmäßigen Nörgler, einen bewusst dankbaren Menschen gemacht hat, war nicht kurz. Es brauchte etliche kleine Schritte, aber, so klein sie waren, sie brachten mich voran.

Zunächst einmal habe ich mir die *Bedeutung der Dankbarkeit* deutlich gemacht. Den Dank gegen Gott zu vernachlässigen ist für einen Christen so gefährlich, wie es für einen Autofahrer ist, ohne Sicherheitsgurt zu fahren. Wenn ein Unfall passiert – und früher oder später wird das der Fall sein –, stehen wir ohne Schutz da. Paulus stellt uns das warnende Beispiel von Menschen vor Augen, die Gott zwar kennen, es aber versäumen, ihm dankbar zu begegnen. „Denn obwohl sie schon immer von Gott wussten, wollten sie ihn nicht anerkennen und ihm nicht danken. Stattdessen kreisten ihre Gedanken um Belangloses, und da sie so unverständig blieben, wurde es schließlich in ihren Herzen finster“ (Römer 1,21).

Wenn wir uns nicht in der Dankbarkeit üben, untergraben wir unser eigenes geistliches Fundament. Denn damit stellen wir in Frage, ob Gott wirklich der ist, der er zu sein behauptet: ein liebender Vater. Eine schwierige Situation oder schon die Frustration durch relativ unbedeutende Ärgerlichkeiten können unsere geistliche Sicht trüben und uns in Versuchung bringen, Wahrheiten in Zweifel zu ziehen, von denen wir doch eigentlich wissen, dass sie zutreffen. Wahrheiten, die für unseren Glauben unverzichtbar sind.

Zweitens „bewaffnete" ich mich mit *Bibelworten*, die zum Danken ermutigen. Das Wort Gottes ist die Quelle, aus der wir schöpfen können, um unseren Geist zu erneuern und unsere Gedanken, wenn sie abgeirrt sind, in eine positive Richtung zu lenken. Zahlreiche Bibelverse, nicht nur die hier genannten, erinnern uns an eine zentrale geistliche Wahrheit: Wir können die Umstände unseres Lebens nicht kontrollieren. Das einzige was wir kontrollieren können, ist der Blickwinkel, aus dem wir diese Umstände beurteilen.

Wer dankbar ist, sagt damit aus: Gott ist wirklich der, der er zu sein behauptet: ein liebender Vater.

Drittens fing ich damit an, Gott *für das Einfache und Naheliegende* zu *danken:* die Schönheit der Natur, Gottes Güte, die sich darin zeigt, dass er selbst in Christus in diese Welt kommt und mein Retter wird, das Glück, das meine Familie für mich bedeutet. Wenn das Leben sich trist anfühlt und ich mich alles andere als dankbar *fühle*, dann hilft mir diese Übung, Gott für die einfachen Dinge zu danken, um meine Perspektive wieder gerade zu rücken. Es gibt Zeiten, wenn das Nachdenken über ein Problem nicht mehr konstruktiv ist, sondern zur Grübelei wird. Wenn so etwas passiert, gibt es keine bessere Medizin für mich, als aus meiner relativ kleinen Welt herauszutreten und meinen Geist mit anderen Dingen zu beschäftigen.

Viertens habe ich gelernt, *Gott dafür zu danken, wie er schwierige Situationen in der Vergangenheit genutzt hat*, um meinen Glauben zu stärken und mich als Person zu formen. Wenn Gott uns auf unserem geistlichen Weg nur einfaches Gelände zumutet, werden wir kaum geistliche Widerstandskräfte entfalten können. Vielleicht ist es zu schwer, Gott für einen schweren Kampf zu danken, solange Sie noch mitten darin stecken. Aber was Sie tun können, ist, zurückzuschauen und sagen: „Gott, du hast mir damals in jenen Schwierigkeiten geholfen und ich bin daran gewachsen. Darauf vertraue ich auch jetzt."

Fünftens kann ich aufgrund dieser Erfahrungen üben, Gott auch *für das* zu *danken, was er durch gegenwärtige Schwierigkeiten in meinem Leben bewirken will.* Wenn Sie einmal beginnen, in dieser Richtung zu beten, werden Sie entdecken, dass es Ihnen bald möglich sein wird, einen solchen Dank von ganzem Herzen zu sprechen. Bedenken Sie dabei: Es geht nicht darum, Gott *für* die Schwierigkeiten zu danken, sehr wohl aber darum, ihm *in* den Schwierigkeiten zu danken. Paulus schreibt in Römer 8,28.29: „Wer Gott liebt, dem dient alles, was geschieht, zum Guten. Dies gilt für alle, die Gott nach seinem Plan und Willen zum neuen Leben erwählt hat. Wen Gott nämlich auserwählt hat, der ist nach seinem Willen auch dazu bestimmt, seinem Sohn ähnlich zu werden."

Gott erwartet nicht, dass wir ihm *für* die Schwierigkeiten danken; wohl aber, dass wir ihm auch *in* Schwierigkeiten danken.

Wenn wir das übersehen, übersehen wir das Wesentliche. Gottes Wille ist der, dass wir „seinem Sohn ähnlich werden". Und jede Situation – wie schmerzhaft oder unangenehm sie auch sein mag – kann von ihm dazu genutzt werden, das Wesen Jesu in unserem Leben auszuprägen. Das ist immer ein Grund, dankbar zu sein.

Schließlich geht es darum, *Dankbarkeit zu üben.* Es gibt in dieser Welt so vieles, was uns dazu bringen will, mürrisch und unzufrieden zu sein. Ich muss mich immer wieder daran erinnern, dass Dankbarkeit eine *Übung* ist, nicht ein Gemütszustand. Es ist ein Willensakt, durch den ich mich dazu entscheide, mich mit dem zu beschäftigen, was gut und erfreulich ist – mit dem Wesen Gottes selbst, das in jeder Hinsicht Grund zu Freude und Dankbarkeit bietet. Ich wende meine Gedanken bewusst ab von allem, was mich unzufrieden oder mürrisch macht, und ich erinnere mich selbst daran, dass ich darauf vertrauen darf, dass Gott in allem seine guten Absichten für mich verwirklichen wird.

Manchmal hilft es mir auch, Dankgebete laut zu sprechen, sodass ich mir selbst dabei zuhören kann. Wenn die Dankbarkeit einmal zu unserer Gewohnheit geworden ist, dann entwickelt sie sozusagen ein

Eigenleben und wird zu einer unerschöpflichen Kraftquelle für unseren Glauben.

Ein Weg zu Gott

Henry Nouwen gab eine Universitätskarriere auf, um in einer Gemeinschaft mit behinderten Menschen zu leben. Dieses Zusammenleben mit Menschen, die sehr schwere Lebensschicksale zu tragen hatten, erschloss ihm die entscheidende Bedeutung eines dankbaren Herzens:

„Wo es einen Grund für Dankbarkeit gibt, lässt sich immer auch ein Grund für Bitterkeit finden. Und genau hier sind wir in die Entscheidung gestellt. Wir können uns entscheiden, ob wir dankbar sein wollen oder bitter …

Jeden Tag beobachte ich das in unserer Gemeinschaft. Für die Männer und Frauen mit geistigen Behinderungen gibt es viele Gründe, bitter zu sein. Oft erleben sie eine tiefe Einsamkeit, die Zurückweisung durch die eigene Familie, das unerfüllte Bedürfnis nach einem Lebenspartner, die ständige Demütigung, auf Hilfe angewiesen zu sein. Aber die meisten von ihnen entscheiden sich, nicht bitter zu werden. Sie sind dankbar für die vielen kleinen Anlässe zur Freude, die es in ihrem Leben gibt: eine Einladung zum Essen, eine Geburtstagsfeier und vor allem diese Gemeinschaft mit Menschen, die Freundschaft und Unterstützung anbieten.

Und so werden sie zu einer Quelle der Hoffnung und Inspiration gerade für die Assistenten, die zwar nicht behindert sind, die aber jeden Tag vor derselben Entscheidung stehen … Was mich so fasziniert ist die Tatsache, dass jedes Mal, wenn wir uns entscheiden, dankbar zu sein, es leichter macht, Neues zu entdecken, wofür wir dankbar sein können. Dankbarkeit zeugt geradezu neue Dankbarkeit gerade so, wie Liebe Liebe zeugt.“

Dankbarkeit ist keine Verpflichtung. Sie ist unser Privileg als Kinder des himmlischen Vaters.

> *Der Friede Christi regiere in euren Herzen … und seid dankbar.*
>
> Kolosser 3,15

> *Für die meisten Menschen klingt der Aufruf zur Dankbarkeit erst einmal künstlich und lebensfremd. Aber die Wahrheit ist: Er führt uns in eine tiefere Gemeinschaft mit Gott, als wir je geahnt hätten. Denn er führt uns direkt zum eigentlichen Grund für unser Dasein: Dass wir unsere Aufgabe im Leben erfüllen … oder sollte ich sagen: die Aufgabe, die Gott uns zugedacht hat? „Gehet zu seinen Toren ein mit Danken!"*
>
> Gary Thomas

Kapitel 14

Das Leben liebkosen (Freundlichkeit)

An keiner Stelle redet die Bibel von einem wahren Christen, der einen hässlichen, selbstsüchtigen, zornigen oder streitsüchtigen Charakter hätte. Nichts könnte in sich widersprüchlicher sein als ein mürrischer, harter, verschlossener und zorniger Christ.

JONATHAN EDWARDS

Ich kontrollierte den Sicherheitsgurt zum dritten Mal. Meine Tochter Allison, unser erstes Kind, war 36 Stunden alt, und ich war entschlossen, sicherzustellen, dass sie für mindestens weitere achtzig Jahre am Leben blieb.

Der Kindersitz war in der Mitte des Rücksitzes befestigt. Ich umgab Allison von allen Seiten mit Handtüchern und Decken – für alle Fälle. Ich glaube, selbst wenn uns versehentlich irgendein Querschläger getroffen hätte, hätte meine Tochte noch eine gute Überlebenschance gehabt. Wir wohnten etwa vier Kilometer vom Krankenhaus entfernt, und ich fuhr so langsam und vorsichtig, dass ich für diesen Weg etwa 25 Minuten brauchte. Man konnte ja nicht wissen, ob die Straße nicht irgendwo rutschig wäre … (Es war ein trockener, sonniger Frühlingstag.)

Dies war mein erstes Kind – und nichts sollte es in Gefahr bringen. Jetzt, gut zehn Jahre später, stehe ich in einem Teich und werfe meine

Kinder in hohem Bogen ins Wasser. Nach gut einem Jahrzehnt Erfahrung mit Kindern habe ich gemerkt, dass sie nicht ganz so zerbrechlich sind, wie es am Anfang erscheint. Aber die Behutsamkeit und Zärtlichkeit, mit der ich unser erstes Kind behandelte, werde ich nie vergessen.

Eben diese Behutsamkeit und Zärtlichkeit ist die Grundhaltung, die – so empfiehlt es Paulus – wir jedem Menschen gegenüber an den Tag legen sollen. Indem wir das tun, werden wir zu lebendigen Beispielen des Wesens Jesu. Paulus sagt von sich selbst: „Wir waren liebevoll zu euch wie eine stillende Mutter zu ihrem Kind" (2. Thessalonicher 2,7).

Freundlichkeit oder, wie Luther übersetzt, Sanftmut ist so entscheidend für die christliche Erfahrung, dass Jonathan Edwards andeutet, die Sanftmut könne „recht eigentlich die Seele des Christseins" genannt werden. „Es ist die eine charakteristische Haltung in den Herzen der Christen, die man als christlich bezeichnen kann. Alle Menschen, die Gott wirklich kennen und wahre Schüler Jesu Christi sind, haben ein sanftmütiges Wesen."[1]

Aber wie wird man sanft – in einer brutalen Welt?

Ein harter Herr?

Es ist traurig, aber wahr: Ein strenges Bild von Gott führt oft dazu, dass wir auch hart mit uns selbst und fordernd mit anderen umgehen. Für viele Menschen ist Gott eine Art himmlischer Mark Twain – brillant, aber nicht so einfach zu ertragen, wenn man für ihn arbeiten soll. Twain kommentierte die Arbeit eines Korrekturs mit vernichtenden Worten: „Der Bursche ist ein Idiot. Und nicht nur das – er ist auch noch blind. Und er ist nicht nur blind, er ist auch halb tot."

Nicht wenige Menschen glauben, Gott mache es genauso mit uns. Sie sehen ihn als kompromisslos fordernde Perfektion, der es uns sofort heimzahlt, wenn wir hinter den hoch gesteckten Anforderungen zurückbleiben. Sie glauben, dass alles, was weniger als perfekt ist, zumindest einen spürbaren Fußtritt zur Folge haben wird, vielleicht aber auch eine ernsthafte Krankheit wie etwa Krebs.

Die Bibel zeigt uns, dass es Gott verletzt, wenn wir so von ihm denken. Denken Sie an das Gleichnis von den Verwaltern. Der untreue Verwalter, der das anvertraute Geld im Boden vergräbt, rechtfertigt sich später so: „Ich wusste, dass du ein harter Herr bist." Und gerade das macht den Herrn zornig (vgl. Matthäus 24,24.25).

Oft führt ein strenges Bild von Gott dazu, dass wir auch hart mit uns selbst und fordernd mit anderen umgehen.

Denn Gott ist die Quelle alles Guten, aller Tugend, und wir können keine der Eigenschaften verkörpern, die ihn auszeichnen, wenn wir gleichzeitig verneinen, dass er die Verkörperung dieser Haltung ist. Um auf den Weg der Sanftmut und Menschenfreundlichkeit zu gelangen, müssen wir zuerst verstehen, wie grundlegend die Sanftmut Jesu ist.

Der sanfte Gott

In der Tat steht die Sanftmut an erster Stelle, wenn Jesus sich selbst beschreibt. „Ich bin sanftmütig und von Herzen demütig" (Matthäus 11,29; L), sagt er. Eine der Prophezeiungen des Alten Testaments, die auf ihn hinweisen, sagt: „Das geknickte Rohr wird er nicht zerbrechen und den glimmenden Docht wird er nicht auslöschen" (Jesaja 42,3, L). Auch in seiner besten Form ist ein Schilfrohr sehr schwach, hohl und zerbrechlich. Ein glimmender Docht steht für eine Seele, in der Leben und Hoffnung schon fast verloschen sind.

Ich bin vielen Menschen begegnet, die sich genauso fühlen: Noch eine weitere Erschütterung und ihr Leben bricht zusammen. Geknickte Rohre und glimmende Dochte kann man überall sehen: in Firmen und in Kirchen, in Warenhäusern und Einkaufspassagen, sogar in Fußballstadien. Einsame, einander entfremdete Ehepartner; der Schmerz eines Kindes, das sich von seinen Eltern abwendet; die andauernde Arbeitslosigkeit; das anhaltende Schweigen Gottes; die Narben einer vergangenen Demütigung; das Übermaß an Leiden und Krankheit in einem einzigen menschlichen Körper – die Ursachen dafür, dass Schilfrohre abknicken, sind endlos.

Nur Jesus vermag unsere Wunden anzurühren, ohne uns zu zerbrechen. Nur er vermag unsere verletzte Seele sanft zurückzulieben zu innerer Gesundung.

Haben Sie manchmal auch das Gefühl, als ob Sie eben gerade noch über die Runden kommen? Dann wissen Sie wahrscheinlich auch, wie verletzend es ist, wenn unsanfte Mitchristen auf der Bühne aufmarschieren und Ihre Situation noch unerträglicher machen, als sie es ohnehin schon ist. Diese Leute, die leichthin sagen: „Das musst du hinter dir lassen." Oder der Kommentar, den eine junge Frau nach einer Fehlgeburt zu hören bekommt. „Sei nicht so traurig. Gott nahm dir dieses Kind, aber jetzt ist es bei ihm. Du bist noch jung; du wirst ein anderes Kind bekommen." Oder der strenge Bruder, der einen anderen anfährt: „Es liegt doch auf der Hand: Wenn du den Herrn wirklich liebtest, würdest du nicht sündigen. Bist du sicher, dass du gerettet bist?"

Solche Menschen kommen mit verbalen Kettensägen, um geistliche Splitter zu entfernen. Das entspricht in keiner Weise der Art Jesu. Jesus ist der eine, der uns anzurühren vermag, ohne uns zu zerbrechen. Jesus kann unsere Seele sanft zurücklieben zur geistlichen Gesundheit: „Ich bin sanftmütig und von Herzen demütig. Bei mir findet eure Seele zur Ruhe."

Das Wesen des Sohnes Gottes, der gesandt wurde, um uns zu offenbaren, wer dieser Gott ist, der uns geschaffen hat, war in Sanftmut gekleidet wie in eine Robe; und diese Haltung war es, die ihm Zutritt zu den Herzen verletzter Menschen verschaffte. Und eben diese Fähigkeit zum Mitleiden, zum Mitempfinden will er in uns hervorbringen.

Sanfte, menschenfreundliche Menschen werden

Die Bibel lässt keinen Zweifel daran: In einem Menschen, der Christus seinen Herrn nennt, wird man auch diese Grundhaltung der Sanftmut und Freundlichkeit finden. Philipper 4,5 sagt: „Alle Menschen sollen eure Güte und Freundlichkeit erfahren." Kolosser 3,12 fügt hinzu: „... bekleidet euch mit aufrichtigem Erbarmen, mit Güte, Demut, Milde, Geduld!" (EÜ). Paulus ist noch deutlicher in 1. Timotheus 6,11: „Strebe unermüdlich nach ... Sanftmut."

Selbst den Feinden Jesu, denen, die ihn bekämpfen und die, die ihm folgen, verspotten, sollen wir mit Sanftmut begegnen (vgl. 1. Petrus 3,15.16). Sanftmut, Milde, Freundlichkeit sind kein Bonus, den die erhalten, die ihn verdienen. Es ist eine Schuld, die wir jedem Menschen schuldig sind.

Sanftmut, Milde, Freundlichkeit sind kein Bonus, den die erhalten, die ihn verdienen. Es ist eine Schuld, die wir jedem Menschen schuldig sind.

Freundliche Menschen werden

Ich versuchte, das Auto zu reparieren – und das ist für mich mit meinem absolut begrenzten technischen Verständnis meist eine sehr frustrierende Erfahrung. Meine jüngste Tochter leistete mir Gesellschaft und inspizierte meinen Werkzeugkoffer. Als sie den Steckschlüsselsatz herausnahm, öffnete sich der Deckel, und 24 Schlüssel kullerten in den Hof.

„O Kelsey!", sagte ich – nicht einmal laut oder ungehalten. Aber sie ist so sensibel, dass schon der enttäuschte Tonfall ausreichte, um ihr die Tränen in die Augen zu treiben. Sie wollte ins Haus laufen.

„Kelsey!"

Sie drehte sich um.

„Das ist aus Versehen passiert. Ich bin nicht böse. Es ist alles in Ordnung."

Jetzt flossen die Tränen, Kelsey rannte auf mich zu und drückte sich an meine Schulter.

Diese Begebenheit hat mich daran erinnert, wie leicht wir einander Wunden zufügen. Und wie zart und zerbrechlich die Seelen der Menschen sind, denen wir Tag für Tag begegnen.

Warum denken wir, wenn es um Sanftmut und Freundlichkeit geht, eher an eine Schwäche als an eine innere Stärke, an Selbstbeherrschung und charakterliche Spannkraft?

Sanftmut, Milde, Freundlichkeit sind mächtigere Waffen als Wut, Zorn und Hass. Zorn hat seinen Platz im christlichen Leben, ebenso wie Konfrontation. Aber die Sanftmut kann eine viel wichtigere Rolle spielen; denn sie schließt die Fähigkeit ein, Verständnis aufzubringen für die Schwächen des Menschen. Sanftmut ist eine Bereitschaft zu unterstützen, zu helfen, zu korrigieren, mit Geduld zu raten – so lange, bis der andere selbst stark und erwachsen geworden ist. Sanftmut ist eine Art Anwendungskunst der Gnade, und da Gnade eine „unverdiente Gunst" ist, ist Sanftmut per Definition eben dies: anderen unverdientermaßen zu Gefallen zu sein.

Sanftmut verlangt nicht, dass ich die Fehler der Menschen ignorieren muss. Sie zeigt mir aber, wie ich auf diese Fehler reagieren soll.

Wie kann es uns gelingen, diese Freundlichkeit in Situationen aufzubringen, wo es uns eher nahe liegt, uns aufzuregen?

Ein erster Schritt: Ich halte mir oft diesen Wesenszug bei Jesus vor Augen. Ich meditiere Evangelientexte, in denen Jesus Menschen freundlich begegnet. Ich lasse mich davon berühren, mit welcher Großzügigkeit und Liebe er mir begegnet. Sanftmut und Freundlichkeit verlangen nicht, dass ich die Fehler und Schwächen der Menschen ignorieren muss. Sie zeigen mir aber, wie ich auf diese Fehler reagieren soll.

Lesen Sie zum Beispiel Matthäus 21,5; 2. Korinther 10,1; Matthäus 11,28-30. Betrachten Sie diese Worte. Meditieren Sie darüber und lassen Sie sich davon formen. Orientieren Sie Ihr Denken und Handeln daran. Sie werden der Menschenfreundlichkeit Gottes näher kommen.

Ein zweiter Schritt: Achten Sie einmal darauf, wie Sie mit sich selbst umgehen. Was erzählen Sie sich über sich selbst? Es ist schmerzhaft, wenn man einmal beobachtet, wie Menschen sich noch Jahre nach einem Fehler, den sie begangen haben, mit Selbstvorwürfen überschütten. Vielleicht haben Sie wirklich eine fatale Fehlentscheidung getroffen – aber wann, glauben Sie, hätten Sie Ihre Lektion sonst lernen können? Im geistlichen Leben geht es um Wachstum und darum, dazuzulernen. Gott versteht das ganz sicher. Wir müssen noch nicht perfekt sein.

Und wie mit anderen, so dürfen wir auch mit uns selbst so umgehen, dass es uns aufbaut und nicht fertig macht: sanft, freundlich, liebevoll.

Und schließlich: Üben Sie es, anderen freundlich zu begegnen. Üben heißt noch nicht können. Üben ist üben.

Wir können uns entscheiden, unser Leben als ständig Enttäuschte zu verbringen, oder aber in einer Haltung des Wohlwollens und der Freundlichkeit, die uns zu authentischen Beziehungen befähigt.

Erinnern wir uns an eine grundlegende Tatsache: Niemand ist vollkommen, nur Gott. Ihr Ehepartner wird Sie enttäuschen. Ihre Kinder werden Sie enttäuschen. Ihr Pfarrer wird Ihre Erwartungen nicht erfüllen. Deshalb wird es einen Zeitpunkt geben, an dem Sie eine völlig berechtigte Vorwurfshaltung entwickeln werden. Sie werden im Recht sein und die anderen im Unrecht. Und das ist die Weggabelung, an der es zur Sanftmut geht. Welchen Pfad werden Sie wählen? Bevor Sie Ihre Entscheidung treffen, machen Sie sich bewusst, wie Gott Sie behandelt hat.

Wenn die Kinder aus der Schule kommen und Sie ganz bewusst provozieren, wenn der Ehepartner überarbeitet und schlecht gelaunt ist, wenn ein Kollege bissig ist – das sind die Gelegenheiten zu einem kurzen Stoßgebet: „Herr, was belastet ihn wohl? Hilf mir, freundlich zu bleiben."

Wir können andere zu vielen Dingen bewegen, indem wir Macht ausüben. Und genau damit verletzen wir ihre Seele und treiben sie dazu, sich zu verschließen. Die Alternative besteht in Freundlichkeit und Milde. Wenn wir im Geist Jesu handeln und seine Freundlichkeit weitergeben, wird das Herzen öffnen. Und vielleicht können sie die leise Stimme Jesu durch uns hören.

> *Wir können niemand bekehren, indem wir ihm das Evangelium in die Ohren brüllen. Was Menschen brauchen, ist die Erfahrung des sanften, freundlichen Gottes und seiner Liebe. Das kann sie überwältigen.*
>
> Gary Thomas

> *Im Evangelium geht es nicht darum, eine Diskussion zu gewinnen oder Recht zu behalten. Es geht darum, Menschen mit Gott und miteinander zu versöhnen. Rohe Gewalt versöhnt niemanden; sie spaltet! Gesetzliche Forderungen laden nicht ein, sie entfremden. Aber Gnade und Sanftmut bauen die Brücke.*
>
> Gary Thomas

Kapitel 15

Beherzt leben (Glaubensmut)

Sich einem Tyrannen zu beugen ist das genaue Gegenteil davon, sich einem Liebenden zu beugen. Das Erste verlangt ein Erlöschen geistlicher Energie, das Zweite dagegen ein Übermaß dieser Energie.

PETER KREEFT

Die Furcht übersieht die aktive Gegenwart Gottes.

GARY THOMAS

Mut und Tapferkeit werden in Kriegszeiten hoch geschätzt. Im geistlichen Leben gibt es eine vergleichbare Tugend, die unverzichtbar ist, will man ein wirklich christliches Leben leben. Die Väter und die Tradition sprechen von *fortitudo* – einer inneren Stärke und geistlichem Mut, einer Furchtlosigkeit aus dem Glauben, einer Standhaftigkeit und Glaubenstreue.

Wenn Sie eine biblische Konkordanz zur Hand nehmen und unter dem Stichwort „sich fürchten" nachschlagen, werden Sie feststellen, wie häufig diese Worte in dem Kontext stehen: „Fürchte dich nicht!" Immer, wenn Gott einen Menschen mit einer bestimmten Aufgabe betraut, finden wir diese ermutigende Zusage: „Fürchte dich nicht!" Josua erhält den Auftrag und die Zusage: „Sei mutig und entschlossen! Lass dich nicht einschüchtern, und hab keine Angst!" (Josua 1,9). Josef wird ermutigt: „Fürchte dich nicht, Maria als deine Frau zu dir zu nehmen" (Matthäus 1,20). Paulus wird ermahnt: „Hab keine Angst!

Predige weiter und schweige nicht!“ (Apostelgeschichte 18,9). Und Jesus scheint den Großteil seiner Gespräche darauf zu verwenden, Menschen zu sagen, sie sollen sich nicht fürchten.

Warum diese Betonung? Vielleicht, weil Feigheit einer der größten Lebens-Diebe ist, die es gibt. Geistliche Feigheit schleicht sich in unsere Seele ein, wenn unser Blick sich nur noch auf die äußeren Umstände richtet und wir die innere Vision verlieren, dass unsere wahre Kraft in Gott liegt.

Geistliche Feigheit hat verschiedene Ursachen. Zum Beispiel die *Angst vor Verlust.* Aber damit misstrauen wir Gott, der unser Vater im Himmel sein will. Gott ist es, der großzügig für uns sorgen will – was könnten wir verlieren, das er nicht reichlich ersetzen könnte, wenn wir es wirklich brauchen?

Geistliche Feigheit schleicht sich in unsere Seele ein, wenn unser Blick sich nur noch auf die äußeren Umstände richtet und wir die innere Vision verlieren, dass unsere wahre Kraft in Gott liegt.

Dann ist da der *Stolz,* der sich gern verbindet mit der Angst zu versagen. Billy Graham berichtete einmal von seiner ersten Predigterfahrung, die ihn ganz und gar nicht gut aussehen ließ. Er hatte zwei Predigten für zwei Abende vorbereitet – und stand schließlich nach erst zehn Minuten wortlos auf der Kanzel, weil er sie beide bereits gehalten hatte und ihm der Stoff ausging. Wenn er daraus den Schluss gezogen hätte: „Das war die letzte Predigt, die ich gehalten habe …“

Viele Menschen wählen ein gesichertes Leben, in dem ein Scheitern so gut wie ausgeschlossen ist – aber ein wirklicher Erfolg ebenso. Sie gehen nie ein Risiko ein, und sie scheitern nie, aber sie werden auch niemals etwas wirklich Wichtiges vollbringen. Sie werden vielleicht keinen Fehler machen, aber ganz sicher werden sie für diese Welt auch keinen Unterschied machen. Wer Gott dienen will, aber verlangt, dass er bei diesem Unterfangen niemals in peinliche Situationen gerät, hat bereits der geistlichen Feigheit nachgegeben.

Eine weitere Quelle der Furcht ist die *Verzweiflung*. Manchmal betrachten wir unser Leben und stellen unsere Wünsche und Hoffnungen daneben – und die Kluft scheint unüberbrückbar. „Ich werde es nie schaffen; warum sollte ich etwas Unmögliches versuchen?“ Und wir geben auf, anstatt uns von Glaube und Hoffnung vorwärts ziehen zu lassen. Und manchmal ist es nur die bloße Entscheidung, nicht aufzugeben, die uns auf unserem Glaubensweg voranbringt.

Viele Menschen wählen ein gesichertes Leben, in dem ein Scheitern so gut wie ausgeschlossen ist – aber ein wirklicher Erfolg ebenso.

Was immer der Grund Ihrer Furcht ist – ob Sie einfach ein furchtsamer Mensch sind, ob Sie sich leicht entmutigen lassen, ob Sie Angst haben, deutlich Ihre Meinung zu sagen oder was immer sonst – Sie werden es schwer haben, auf der Spur Jesu zu bleiben. Wenn ich lese, wie Jesus vor dem Hohen Rat steht, seinen ärgsten Feinden gegenüber, und dort einfach die Wahrheit sagt, dann beeindruckt mich dieser Mut, diese innere Stärke. Er wusste, welche Pläne gegen ihn geschmiedet wurden. Er kannte diese Leute und wusste, dass sie ihn aus dem Weg räumen wollten. Und dennoch weicht er keinen Millimeter von der Wahrheit ab.

Was ist das Geheimnis dieser Standhaftigkeit und geistlichen Stärke?

Das Wesen des Glaubensmutes

Glaubensmut ist mehr als der gewaltsame Versuch, eine tapfere Miene aufzusetzen. Ein Soldat, der in der Schlacht einen scheinbar mutigen Angriff wagt, kann aus reiner Feigheit handeln. Vielleicht fürchtet er den Spott der Kameraden mehr als die Kugeln. Vielleicht treibt ihn eher die Furcht vor der Blamage als der Wille, die Feinde zu besiegen.

Fortitudo, Glaubensmut, ist eine innere Stärke, die sich darauf verlässt, dass es letztlich Gott ist, der uns so verändert, dass wir Jesus ähnlich werden. Dieser Mut, den Gott durch seinen Geist in uns wachsen lassen möchte, verleiht uns eine innere Kraft, die uns befähigt, Wege zu gehen, vor denen der natürliche Mensch in uns zurückschreckt. Diese Kraft zeigt sich zum Beispiel, wenn eine Frau, die in einer enttäuschenden Ehe lebt, die Möglichkeit einer Affäre ausschlägt, die zwar emotionale Befriedigung verspricht, aber einen geistlichen Bankrott mit sich bringen würde. Das Bedürfnis nach Zuwendung in ihr drängt sie, ihr Eheversprechen an den Nagel zu hängen; aber der Mut des Glaubens verleiht ihr die Kraft, diesem Verlangen nicht nachzugeben und stattdessen darauf zu vertrauen, dass Gott Wege hat, ihre Bedürfnisse zu erfüllen – obwohl sie weiß, dass sie in eine unglückliche Ehe und zu einem gleichgültigen Ehemann zurückkehrt.

Glaubensmut gibt uns die Kraft, in einer Welt zu leben, in der es Krebs, Katastrophen, unvorstellbare Grausamkeiten, Versuchung, Verrat und bittere Not gibt – und in dieser Welt eine innere Ruhe und Beständigkeit zu bewahren. Ein Christ kann die Diagnose „Der Tumor ist bösartig" hören, und sofort zerbricht sein Glaube. Ein Christ, der sich mit Glaubensmut gewappnet hat, weiß, dass Gott auch diese Situation zum Guten wenden kann. Auch wenn die unmittelbare Zukunft düster aussieht, vertraut er darauf, dass Gott gut ist und dass sich diese Güte auch letztlich erweisen wird.

Haben Sie eine solche innere Kraft jemals erfahren? Haben Sie Situationen erlebt, in denen Sie sich von dem leiten ließen, was Sie als gut und richtig erkannten – auch wenn Ihnen Furcht, Zorn oder Bitterkeit viel näher gelegen hätten?

Die Furcht verlernen

So wie das geistliche Urteilsvermögen daraus erwächst, dass wir die Schönheit Gottes betrachten, so erwächst die geistliche Tapferkeit, der Glaubensmut, aus der Betrachtung der Größe Gottes.

In den Psalmen lesen wir immer wieder von Menschen, die Gott zu ihrer festen Burg machen, zu ihrem Schild, ihrer Zuflucht, ihrem Land, ihrem Felsen. Männer wie David konnten äußere Risiken auf sich nehmen, weil sie in ihrem Inneren einen Schutzraum aufgebaut hatten: Gott war ihre „feste Burg". Sie versenkten sich in Gottes Größe und Macht – und das führte dazu, dass sie sich mehr davor fürchteten, diese Erfahrung der Gegenwart Gottes zu verlieren, als davor, ihr irdisches Leben zu verlieren. Wenn wir uns völlig verlieren in die Größe Gottes, erkennen wir, dass es keinen physischen, emotionalen oder sozialen Verlust gibt, der so groß wäre, dass Gott nicht doch etwas Gutes dadurch bewirken könnte. Die Psalmen (vor allem Psalm 27, 47, 48, 99, 111 und 145) führen uns das eindrucksvoll vor Augen und sind großartiger Meditationsstoff. „Der Herr ist mein Licht und mein Heil – vor wem sollte ich mich fürchten?" (Psalm 27,1).

Innere Stärke, Standhaftigkeit und Glaubensmut erwachsen daraus, dass wir die Größe und Macht Gottes betrachten.

Die Ausrichtung auf Gott als Zentrum

Für mich war das Bemühen um diese Grundhaltung der Fortitudo praktisch gleichbedeutend mit dem Bemühen, wirklich Gott zum Mittelpunkt meines Lebens zu machen. Wenn ich nur auf meine eigene Kraft vertraue, mache ich mich selbst zum Mittelpunkt des Universums. *Ich* muss für meine Familie sorgen; *ich* muss dafür sorgen, dass es in der Gemeinde vorangeht; *ich* muss für mich selbst sorgen. Wenn ich von Jesus lerne, mein ganzes Vertrauen in Gott zu setzen, kann ich Ruhe finden und seine Fürsorge und Güte erfahren. Ich kann erfahren, dass sein Plan mit meinem Leben wichtiger ist als meine noch so gut gemeinten Absichten.

Zahllose gute Unternehmungen, die Gott ins Werk setzen wollte, sind sicher schon durch die Angstpropaganda des Teufels verhindert worden, der immer ein „Aber was, wenn …“ zur Hand hat. Gott zu dienen bedeutet Risiken einzugehen. Es gibt keine Garantie, dass wir nicht scheitern werden – aber gerade unsere Unwilligkeit, Risiken einzugehen, kann unser größter Fehler sein.

Wir müssen lernen, es Gott zu überlassen, wie die Kämpfe, die wir kämpfen, ausgehen. Gerade der Versuch, selbst den Ausgang zu bestimmen, ist der Punkt, an dem wir nicht mehr wirklich glauben. Der Glaubensmut, den wir bei Jesus lernen, gibt uns eine innere Ruhe, die Fähigkeit, jede Situation aus einem inneren Frieden heraus zu überdenken, und nicht in Zorn oder verbissener Entschlossenheit zu handeln, und den Mut, die Schritte zu gehen, die für Menschen angemessen sind, die aus dem Glauben leben.

Es gibt nur wenige Dinge, die uns Gott so nahe bringen wie die Erfahrung, unserer größten Angst ins Gesicht zu sehen und ihr mit Gottes Hilfe zu widerstehen. Wenn Gott mich durch eine gefahrvolle Situation hindurchgebracht hat, gehöre ich ihm ganz. Und das ist die großartigste und persönlichste Erfüllung, die ich je erlebt habe.

Unterdrücken Sie Ihre Angst nicht. Sehen Sie ihr ins Gesicht. Und tun Sie – trotzdem! – das, was Sie als richtig und gut erkennen. Auf diesem Weg gelangen Sie direkt in Gottes Herz.

> *Der Herr ist mein Licht, er rettet mich. Vor wem sollte ich mich noch fürchten? Bei ihm bin ich geborgen wie in einer Burg. Vor wem sollte ich noch zittern und zagen?*
>
> Psalm 27,1

> *Wenige Dinge führen uns so sehr in die Nähe Gottes, als wenn wir mit ihm zusammen unserer Furcht ins Auge sehen.*
>
> Gary Thomas

Kapitel 16

Geweitetes Leben (Gehorsam)

Die Menschen stellen die Wahrheit des Christentums in Frage, weil sie nicht danach leben wollen.

ROBERT SOUTH

Die Sünde verspricht, unsere Erfahrung zu erweitern. Aber tatsächlich engt sie sie ein.

GARY THOMAS

Gehorsam ist kein populärer Begriff. Und zweifellos kann er sehr missbraucht werden. Und dennoch ist Gehorsam im geistlichen Leben unverzichtbar. Der Gehorsam gegenüber dem Willen Gottes stärkt unsere Gemeinschaft mit ihm. Denn Gehorsam im geistlichen Sinn hat nichts zu tun mit willenlosem Kadavergehorsam, mit Untertanengeist oder mit Willensschwäche. Geistlicher Gehorsam erwächst aus dem Wunsch, in den Niederungen unseres Alltags in tiefer Verbundenheit und inniger Gemeinschaft mit Gott zu leben. Er ist der Weg zu einem Leben, das wahre, bleibende Erfüllung und innere Befriedigung verschafft. Der Gehorsam gibt uns unser Leben zurück, denn er weckt in uns Bedürfnisse, die Jesus erfüllen will: „Selig sind, die nach Gerechtigkeit hungern und dürsten, *denn sie werden satt werden*" (Matthäus 5,6).

Nach einer Stillung dieses Hungers verlangen wir deswegen, weil Gott uns mit diesem Hunger geschaffen hat. Gemeinschaft mit Gott ist die eigentliche Bestimmung des Menschen.

Die Wahrheit über unser Herz

Wäre es nicht schön, wir könnten die Ernsthaftigkeit unseres Glaubens beweisen, indem wir auf unsere geistlichen Höhenflüge im Gottesdienst oder im Gebet verweisen, auf die plötzlichen Funken von Erkenntnis, die Gott uns schenkt oder auf das überwältigende Gefühlserlebnis, das wir bei unserer Bekehrung hatten. Aber es liegt auf der Hand, dass diese Dinge nicht weit tragen. Ich kann meiner Frau zuverlässig zu jedem Geburtstag und Hochzeitstag Blumen mitbringen. Ich kann all die richtigen Worte aussprechen. Aber wenn ich nebenher eine Geliebte habe, wird dann irgendwer glauben, dass ich wirklich meine Frau liebe? Oder wird es noch irgendetwas bedeuten, dass ich bei unserer Hochzeit vor Freude zu Tränen gerührt war, wenn ich zehn Jahre danach ein rettungslos selbstsüchtiger und nörglerischer Ehemann bin?

Der beste Beweis, wie ernst es jemand mit dem Glauben nimmt, ist die Lebenspraxis.

Die Bibel hat deutliche Worte über das menschliche Herz zu sagen. Es ist „arglistig ohnegleichen und unverbesserlich" (Jeremia 17,9; EÜ). Paulus betont, dass sein Gewissen rein sei, sei kein Beweis dafür, dass er unschuldig sei (1. Korinther 4,4). Und dennoch orientieren wir modernen Christen uns vor allem an unserem Gefühl: Solange wir uns gut fühlen, müssen wir auch gut sein. Wenn uns keine schweren Schuldgefühle plagen, bedeutet das, dass Gott uns nichts vorzuwerfen hat. Jesus allerdings spricht über das Gericht – und da geht es nicht um Gefühle, sondern um Taten (Matthäus 25).

Ganz sicher gilt: Die entscheidende Veränderung, zu der Gott uns einlädt, ist die, unsere Seele und unser Herz von innen heraus zu heilen und zu erneuern. Aber das bedeutet keineswegs, dass unser Handeln keine Rolle spielt. Jonathan Edwards betont: „Die Schrift sagt klar, dass der beste Beweis für die Ernsthaftigkeit unseres Christseins unsere Lebenspraxis ist. Und unser Verstand sagt dasselbe."[1]

In dieser Hinsicht haben es New-Age-Anhänger leichter. Alles, was man braucht, um dazuzugehören, ist Ernsthaftigkeit und Toleranz. Und wenn man gelegentlich noch etwas liest oder bestimmte Rituale ausübt, die ein inneres Hochgefühl hervorbringen, dann kann man sich als „spirituell" oder gar „erleuchtet" bezeichnen – und es spielt überhaupt keine Rolle, ob sich die Herzenshaltung verändert hat und daraus auch ein anderes Verhalten erwächst.

Edwards wusste dagegen: „Als Beweis der Errettung ist die christliche Praxis einer plötzlichen Bekehrung, einer mystischen Erleuchtung oder der bloßen Erfahrung geistlicher Tröstung um vieles vorzuziehen."[2]

Und an anderer Stelle: „Der eigentliche Test, was ein Mensch tatsächlich will, besteht darin, zu beobachten, was er wählt und tut, wenn es um eine Entscheidung geht ... Die Gottesfurcht besteht nicht darin, dass man im Herzen den Wunsch hegt, den Willen Gottes zu tun, sondern darin, *dass man ein Herz hat, das ihn tatsächlich tut* ... Es ist absurd, so zu tun, als habe man ein gutes Herz, wenn man tatsächlich ein gottloses Leben führt" (Hervorhebung des Autors).[3]

Oder ein halbherziges Leben.

Worauf sich unser Herz eigentlich richtet, wird deutlich, wenn wir mit einer Versuchung konfrontiert sind. Gerade dann stellt sich die Frage: *„Liebe ich Gott, oder liebe ich ihn nicht?"* Jesus war erfrischend unverblümt: „Wenn ihr mich liebt, werdet ihr so leben, wie ich es euch gesagt habe" (Johannes 14,15).

Worauf sich unser Herz eigentlich richtet, wird deutlich, wenn wir mit einer Versuchung konfrontiert sind.

Ich neige dazu, immer eine Entschuldigung dafür zu finden, dass ich nur meinem eigenen Willen folge. „Ich war müde; ich war wirklich gestresst. Wenn ich ausgeruht und besser bei mir gewesen wäre, wäre mir das nicht passiert." Diese Art von Beschwichtigungsversuchen würde noch nicht einmal ein guter Therapeut durchgehen lassen, geschweige denn Gott. Denn die

Versuchung trifft uns nicht nur genau *dann, wenn* wir schwach sind, sondern auch *dort, wo* wir schwach sind.

Noch einmal Edwards: „Wenn wir herausfinden wollen, ob ein Gebäude solide gebaut ist, dann schauen wir es an, wenn es vom Sturm umtobt ist. Ganz ähnlich kann man dann am besten erfassen, wie es um die christliche Praxis eines Menschen bestellt ist, wenn er den Prüfungen der göttlichen Vorsehung ausgesetzt ist."[4]

Das Beste, was wir für uns selbst tun können, ist, regelmäßig all unsere Ausreden auszumisten und uns kritisch zu fragen, wie es um unseren Gehorsam steht. Machen wir uns nichts vor. Hören wir auf, unsere Spielchen zu spielen. Seien wir ehrlich mit uns selbst und mit Gott. Wie steht es wirklich um meinen Gehorsam ganz konkret?

Verkürztes Leben

Die Neigung zur Sünde erwächst aus der Tatsache, dass wir Menschen mit hungrigen Seelen sind, und dass wir uns danach sehnen, dass dieser Hunger gestillt wird. Die Sünde bietet uns eine zeitweise Flucht aus dieser Realität an – einen Augenblick der Erfüllung, der den Schmerz überspielt, dass wir von Gott getrennt sind. Aber darin liegt das Tragische: Diese „Erfüllung" zieht uns noch weiter von Gott weg, und sie bewirkt, dass unsere innere Leere mit der Zeit immer größer wird. Gott hat uns so geschaffen, dass wir Erfüllung nur dann finden, wenn wir nach der Gerechtigkeit streben. Die Sünde kann niemals Erfüllung bringen – aber wir glauben allzu oft, sie könne es doch.

Die Sünde, die Versuchung, verspricht stets, unser Leben zu bereichern. Und sie endet stets damit, dass sie es verkürzt. Wer nie Probleme mit Alkohol hatte, wird völlig entspannt in ein Restaurant oder auch eine Cocktailbar gehen und den Abend genießen. Ein Alkoholabhängiger auf dem Weg zur Abstinenz sollte das lieber nicht so bald versuchen – es könnte ihn überfordern.

Wenn die vordringliche Sehnsucht Ihres Herzens irgendetwas anderes ist als dies: zu lernen, in den Einzelheiten Ihres Lebens mit dem Willen Gottes übereinzustimmen, dann werden Sie Ihr Leben lang vergeblich auf Erfüllung warten. Je mehr wir auf die Verführung der Sünde hereinfallen, umso schwerer wird es, damit aufzuhören. Wenn wir eine bestimmte Sünde eine Zeit lang vermeiden, wird es leichter, sie das nächste Mal ebenfalls zu vermeiden. J. C. Ryle schreibt: „Es gibt zwei Wege in die Hölle: Einen, den man mit offenen Augen beschreitet – diesen wählen nur wenige; den anderen, den man mit vielen kleinen Schritten durch viele kleine Sünden beschreitet – und auf diesem, fürchte ich, befinden sich viel zu viele Menschen."[5]

Gott hat uns so geschaffen, dass wir Erfüllung nur dann finden, wenn wir nach Gerechtigkeit streben – nach einer intakten Beziehung zu ihm.

Wenn Sie wollen, dass Gott Ihnen Ihr Leben zurückgibt, müssen Sie anfangen, auf die Warnschilder „Betreten verboten" zu achten, die er vor bestimmten Verhaltensweisen, Gedankenmustern und inneren Haltungen aufgestellt hat. Die Grundhaltung des Gehorsams ist ein Wächter und ein Beschützer, der uns davor bewahren will, uns selbst oder andere zu verletzen – und natürlich auch davor, Gott zu beleidigen.

Gehorsam verleiht der Seele Kraft

Der Weg zum Gehorsam beginnt im Herzen – dort, wo wir unsere falsche Herzenshaltung erkennen und uns ganz Gott unterstellen. Dabei sollten wir erkennen, dass uns oft unsere nicht hinterfragte Annahme zu Fall bringt, jedes Bedürfnis, das wir verspüren, müsse erfüllt werden, und dass uns dazu alle Mittel recht sind. Verabschieden Sie sich vor Gott von dieser Idee und von diesem Anspruch. Und geben Sie in sich dem Wunsch Raum, Gott zu gefallen.

Dieser innere Akt der Neuausrichtung auf Gott verleiht uns die Kraft, nun auch äußerlich Gehorsam zu praktizieren. Geben wir diesem inneren Gehorsam Raum in unserem Herzen, bis er sich auch in unserem äußeren Leben ausprägt. Ein einzelner kleiner Akt des Gehorsams liefert einen Kraftimpuls für ein von Christus bestimmtes und geprägtes Leben. Johannes vom Kreuz schreibt: „Ein Akt der Tugend bewirkt in der Seele Sanftheit, Frieden, Trost, Licht, Reinheit und Stärke; wie umgekehrt ein ungeordnetes Begehren Qual, Mühsal, Erschöpfung, Blindheit und Schwäche bewirkt. Indem wir uns in einer Tugend üben, wachsen alle Tugenden; und in ähnlicher Weise wachsen alle Laster und ihre Wirkungen, wenn nur eines von ihnen Raum gewinnt.“[6]

Jeder kleine Gehorsamsschritt lenkt unsere Seele mehr in Richtung auf Gott.

Gehorsam schenkt Leben. Er weitet das Leben. Er stärkt uns und erneuert unser Herz still, aber stetig.

Ungehorsam dagegen raubt uns allmählich unsere geistliche Energie, führt zu Lustlosigkeit und Mutlosigkeit und zieht uns immer weiter von Christus fort.

Einfach anfangen

Der entscheidende Schritt zum Gehorsam ist die Abkehr von jeder Form von Selbstbezogenheit. Die Sünde ist in ihrem Wesen eine Besessenheit von sich selbst. Eine Mutter, die ihre Kinder ohrfeigt und anschreit, denkt an ihre Frustration, nicht daran, welche Wirkung ihr Verhalten auf die Kinder haben wird.

Wie können wir aber dieser Selbst-Versessenheit, dieser Egozentrik, die uns anhaftet, entgegentreten? Nicht in erster Linie, indem wir das Böse vermeiden; sondern indem wir uns darauf konzentrieren, wie viel größer die Berufung ist, die Gott für uns hat: ein Leben der Liebe, der

Geborgenheit bei ihm, des Friedens für unsere Seele, ein Leben in Hingabe und im Dienst an anderen.

Edwards zieht eine Verbindung zwischen dem Wachstum und der Integrität unseres Glaubens und unserem Wachsen in der Grundhaltung Jesu: Wir sind hier, um Gott zu dienen. Und in dieser Perspektive ist die Sünde, die uns verleitet, uns selbst zu dienen, gerade das, was uns davon abhält, die Menschen zu werden, die Gott aus uns machen möchte.

Wirklicher Gehorsam ist eine Frucht, die über Jahre hin gepflegt und geübt werden muss. Wie echt er ist, erweist sich dann, wenn Gehorsam wirklich schwer fällt – wenn die Seele sich wehrt, aber dennoch dem Weg Gottes folgt.

Gerade der Gehorsam, der wie eine Einschränkung des Lebens erscheinen kann, erweitert und bereichert es auf unvorstellbare Weise.

Gott gehorsam zu sein, schenkt uns eine neue Freiheit: Freiheit von den Meinungen der Menge, Befreiung von unseren eigenen Wünschen, die uns selbst versklaven, und Freiheit von der Leben beschneidenden Macht der Sünde.

Es mag paradox erscheinen: Gerade der Gehorsam, der wie eine Einschränkung des Lebens erscheinen kann, erweitert und bereichert es auf unvorstellbare Weise.

> *Die Schrift lehrt ganz klar, dass unser Handeln der beste Beweis für die Ernsthaftigkeit unseres Christseins ist. Und die Vernunft sagt dasselbe.*
>
> JONATHAN EDWARDS

> *Es ist leichter, unser Handeln in Übereinstimmung mit dem Willen Gottes zu bringen, wenn unser Herz darauf ausgerichtet ist, ihm zu gefallen.*
>
> GARY THOMAS

Kapitel 17

Den Glauben erneuern (Bereitschaft zur Umkehr)

Wenn wir sterben, wird uns niemand kritisieren, weil wir keine Wunder vollbracht haben. Niemand wird uns vorwerfen, dass wir keine Theologen oder Kontemplative gewesen sind. Aber wir werden Gott ganz sicher ein paar Erklärungen abgeben müssen, warum wir nicht ohne Unterlass getrauert haben.

JOHANNES CLIMACUS

Gott ist in seinem Hass gegen die Sünde wie ein Chirurg, der die Krebsgeschwulst hasst, weil er den Patienten liebt.

PETER KREEFT

Vierhundert Jahre hatte Gott geschwiegen. Vierhundert Jahre sind vergangen, seitdem die letzten Worte der Schrift niedergeschrieben wurden. Vier Jahrhunderte lang war es still, quälend, schmerzhaft still. Gott hatte aufgehört zu reden.

Und dann geschieht es: Draußen in der Wüste, abseits von den Menschen bricht Gott das Schweigen. Ein schlichter und doch beeindruckender Mann namens Johannes zieht Menschen an, die ausgehungert sind nach einem Wort von Gott.

Wer vierhundert Jahre lang geschwiegen hat und wieder zu reden beginnt, wählt seine Worte sorgfältig. Jetzt ist nicht der geeignete Moment für Belanglosigkeiten. Schließlich sollen die Worte, die jetzt gesprochen werden, die wichtigste Liebesgeschichte der Geschichte weiterschreiben – die Liebesgeschichte zwischen Gott und seinem Volk.

Überrascht es da nicht etwas, dass die ersten Worte, mit denen Gott seine Beziehung zu Israel wieder aufnimmt, lauten: „Kehrt um!"?

Nur Monate, nachdem er seine kraftvolle Botschaft verkündet hat, sitzt Johannes im Gefängnis. Was er sagte, war nicht sehr populär. Aber er war ja nur der Vorläufer. Eine andere Stimme sollte erklingen, die des Messias. Was würde er sagen? Würde er Johannes widersprechen, vielleicht Gottes Botschaft ein wenig gefälliger verpacken? Es muss unter den himmlischen Heerscharen eine beträchtliche Spannung geherrscht haben, als die Engel ihre Köpfe neigten und ihre Ohren spitzten, um mitzukriegen, wie die Botschaft lautete, für die Gott alles in Bewegung setzte, damit sein Volk sie hörte – für die er selbst den Himmel verließ, Mensch wurde, sich einem mühevollen Leben unterzog, damit ein paar gestrauchelte Menschen sie hörten.

Bußfertigkeit ist die Bereitschaft, meine eigene Meinung darüber, was meiner Seele gut täte, aufzugeben, und mir von Gott das geben zu lassen, was mir wirklich gut tut.

Und dann tritt Jesus auf und seine ersten Worte gleichen denen des Johannes: „Kehrt um, denn das Reich Gottes ist nahe!" (Matthäus 3,2; 4,17).

Das geistliche Leben des Christen beginnt nicht mit der Hoffnung. Es beginnt nicht mit der Keuschheit. Es beginnt noch nicht einmal mit dem Gehorsam. Es beginnt, nach dem Evangelium des Matthäus, mit der Umkehr. Interessanterweise haben die ersten beiden Seligpreisungen, die Jesus in der Bergpredigt verkündet, ebenfalls mit der Umkehr zu tun. „Glücklich sind, die erkennen, wie arm sie vor Gott sind, denn ihnen gehört die neue Welt Gottes. Glücklich sind die Trauernden, denn sie werden Trost finden" (Matthäus 5,3.4).

Die immer neue Bereitschaft zur Umkehr, in der Tradition Bußfertigkeit genannt, ist die Bereitschaft, meine eigene Meinung darüber, was meiner Seele und meinem inneren Leben gut täte, aufzugeben und einzutauschen gegen das, wovon Gott meint, dass es meiner Seele und meinem inneren Leben gut tut. Die Bereitschaft zur Umkehr schließt die Traurigkeit darüber ein, dass ich immer wieder falsche Wege einschlage. Sie umfasst den Willen, auf den richtigen Weg umzuschwenken. Sie besteht zutiefst in einer Wandlung des Herzens, der eine Wandlung des Denkens und eine veränderte Ausrichtung meines Lebens folgen – und alle diese Wandlungen zielen in Richtung des Willens Gottes.

Umkehrbereitschaft ist das geistliche Gegengewicht, das uns nach einem Fallen wieder aufrichtet und ausrichtet. Deshalb ist es diese Grundhaltung, die uns in der Gemeinschaft mit Gott hält, aus der wir leben. Umkehrbereitschaft bringt uns immer wieder an den Punkt, an dem wir Gott in Demut vertrauen. Sie fördert in uns eine Haltung der Hingabe.

Was ist so entscheidend an dieser Grundhaltung einer ständigen Bereitschaft, neu anzufangen?

Gefährliches Spiel

Gott hat solche Freude daran, wenn wir uns von der Sünde abwenden, weil die Sünde so tödliche Konsequenzen hat. Sünde gibt sich als Freundin aus, aber sie ist eine Lügnerin. Bist du einsam? Die Sünde hat eine Antwort. Frustriert? Die Sünde hat eine köstliche Lösung. Gelangweilt? Die Sünde kennt eine „Therapie“.

Und wir nehmen eine Kostprobe – nur einen kleinen Bissen. Wir freunden uns mit der Sünde an – natürlich haben wir nicht die Absicht, eine Mitgliedschaft im Club der Sünder einzugehen. Was bringt uns dazu zu glauben, wir könnten ein Geschäft mit dem Bösen machen und ohne Narben davonkommen? Sünde ist immer noch Sünde.

Der Feind kommt, um zu stehlen, zu töten, zu vernichten (vgl. Johannes 10,10).

Die große Bedeutung der Umkehrbereitschaft liegt darin, dass sie uns vor Wegen bewahrt, die uns dem Feind unserer Seele zuführen, der uns vernichten will. Sie führt uns immer wieder zurück auf den Weg Gottes, in die Haltung des Gehorsams, den Jesus uns vorgelebt hat und in dem wir das Leben finden.

Der Weg der Umkehr

Der erste Schritt auf dem Weg der Umkehr ist der Wunsch danach, das ganze Ausmaß des Guten zu erfahren, das Gott für unser Leben vorgesehen hat. Die entscheidende Antriebskraft ist nicht die Trauer über unsere Sünden; es ist vielmehr die Freude darüber, was wir *werden* könnten. Gott hat uns dazu geschaffen, dass wir Christus ähnlich werden und sein Reich auf dieser Erde mit ihm bauen. Jedes andere Ziel ist ein trauriger Missbrauch der sieben oder acht Lebensjahrzehnte, die Gott uns schenkt. Hier liegt der entscheidende Herzenswandel, der der Umkehrbereitschaft zugrunde liegt – die Sehnsucht, wirklich in Übereinstimmung mit Gott zu leben und die Ziele, die er für mich hat, zu verwirklichen.

Die entscheidende Antriebskraft zur Umkehr ist nicht die Trauer über unsere Sünden; es ist vielmehr die Freude darüber, was wir werden könnten.

Zweitens: Dann allerdings kommt auch die Trauer über die Jahre, die wir in einer falschen Lebenshaltung verloren haben. Verschwendete Stunden, vergeudete Kräfte. Hier geht es im Gebet oftmals um eine aufrichtige Bilanz dessen, was unsere falsche Lebenshaltung uns und andere gekostet hat. Das mag schmerzhaft sein – aber es ist eine Reinigung, die uns wirklich bereitmacht, neu zu beginnen. Paulus macht uns Mut zu einer solchen Bilanz: „Die von Gott bewirkte

Traurigkeit führt zur Umkehr und bringt Rettung. Und wer sollte das jemals bereuen! Nur die Traurigkeit, die nicht zur Umkehr führt, bewirkt den Tod" (2. Korinther 7,10). Wenn Sie Ihr Gebet an der Schrift orientieren, bieten sich folgende Texte an: Klagelieder, Joel 1, die Psalmen 13, 32, 51, 85, 139. Möglicherweise wird eine solche Bilanz vor Gott auch dazu führen, dass Sie einige Dinge mit Menschen klären und bereinigen müssen. Unvergebene Sünde ist eine Last und unversöhnte Beziehungen sind eine Fessel. Wenn wir hoch fliegen wollen, müssen wir frei sein.

Der letzte Schritt zu einem Leben in der ständigen Bereitschaft zur Umkehr besteht darin, dass wir unsere Entscheidungen mehr und mehr an Gottes Plan und Absicht für unser Leben ausrichten. Wenn wir feststellen würden, dass wir zum Fliegen geschaffen sind, würden wir uns nicht mit weniger zufrieden geben. Warum sollten wir also in unserer Selbstbezogenheit hängen bleiben, wenn Gott uns dazu geschaffen hat, Tempel seines Geistes zu sein?

Früchte der Umkehr

Eine der wichtigsten Früchte einer Haltung ständiger Bereitschaft zur Umkehr ist dies: Es wird uns immer schwerer fallen, andere zu verurteilen oder Groll gegen andere zu hegen. Wenn wir selbst den Reichtum der vergebenden und annehmenden Liebe Gottes erfahren, wird es viel leichter, anderen zu vergeben.

Eine weitere Frucht der Umkehrbereitschaft hat etwas Paradoxes an sich. Denn die Trauer über das eigene Versagen ist das geistliche Vorspiel zu wirklicher Festfreude. Menschen, die ganz an die Welt gebunden sind, sind oftmals völlig unempfindlich dafür, was in ihnen vorgeht. Die Bereitschaft zur Umkehr befreit uns dazu, wirkliche Reue zu empfinden – und das ist die Tür zur Erfahrung wahrer Freude. Johannes Climacus erklärt: „Die Anklage des Gewissens ist recht eigentlich eine Gottesgabe, weil daraus eine echte Freude in der Seele erwächst, da Gott im Stillen denen seinen reichen Trost schenkt, die im Innersten bereuen."[1]

Jesus selbst erklärt dieses Paradox, wenn er Menschen glücklich preist, die trauern können, „denn sie sollen getröstet werden" (Matthäus 5,4). Können Sie sich Eltern vorstellen, die ein trauriges Kind allein lassen und nicht versuchen, es zu trösten? So ist Gott: Wenn wir trauern, kann er gar nicht schnell genug kommen, um uns aus der Trauer in die Freude über seine nie endende Liebe zu führen.

„Die von Gott bewirkte Traurigkeit führt zur Umkehr und bringt Rettung. Und wer sollte das jemals bereuen!" (2. Korinther 7,10).

Umkehrbereitschaft hängt eng zusammen mit der Haltung kindlichen Vertrauens, die Jesus so wichtig ist. Mit dieser Hochschätzung des Kindseins steht Jesus in krassem Gegensatz zu unserer modernen „Weisheit": „Fast alle unsere modernen Psychologien sagen uns, wie wir ‚erwachsen', ‚reif', ‚selbstverantwortlich' und ‚unabhängig' werden können", schreibt Peter Kreeft. „Wenn Sie diese allgegenwärtigen Code-Wörter hören … erinnern Sie sich daran, was sie sind: das alte Heidentum in neuem Gewand. … Jesus hat *nie* jemanden aufgerufen, „erwachsen" zu werden. Vielmehr hat er gesagt: „Wenn ihr euch nicht ändert und so werdet wie die Kinder, kommt ihr nie in Gottes neue Welt" (Matthäus 18,3). Das Himmelstor ist zu eng und niedrig; nur Kinder können hindurch. Es ist ein Nadelöhr. Die großen erwachsenen Kamele müssen umkehren und zu Hause sterben, oder sie müssen wiedergeboren werden – als kleine Kinder."[2]

Die Umkehrbereitschaft erinnert uns zudem immer wieder daran, dass wir Gottes Kinder sind. Sie ist das Tor zur Demut. Es ist unmöglich, zugleich stolz und umkehrbereit zu sein. Wenn Sie Schwierigkeiten haben, Demut zu entwickeln, gehen Sie durch den „Seiteneingang" der Bereitschaft zur Umkehr.

Die letzte positive Begleiterscheinung der Umkehrbereitschaft ist vielleicht die wichtigste. Wenn ich davon spreche, dass Gott „uns unser Leben zurückgibt“, meine ich keineswegs, dass die christlichen Tugenden und Grundhaltungen sich nur für unser irdisches Leben positiv auswirken. Einerseits habe ich diesen Ausdruck im übertragenen Sinn verwendet; aber in diesem Zusammenhang kann man ihn auch wörtlich verstehen. Wer niemals den Segen der Umkehr erfahren hat, wird in Ewigkeit auf seinem Weg der Trennung von Gott weiterlaufen. Der Verbrecher, der mit Jesus gekreuzigt wurde, hatte nur eine einzige Sache aufzuweisen, die für ihn sprach: ein Herz, das bereute – und Jesus versprach ihm, dass er dadurch ins Paradies gelangen werde.

Und schließlich: Alle christlichen Tugenden und Grundhaltungen sind ja immer ein Gegenstand der Übung; wir werden keine von ihnen jemals perfekt beherrschen. Die Bereitschaft zur Umkehr hält diese Perspektive des Wachstums in uns wach. Wir werden immer wieder versagen – aber Gott hat auch dafür gesorgt und uns die immer neue Gelegenheit zur Umkehr geschenkt – die Möglichkeit, immer wieder neu anzufangen.

> *Man kann die Sünde erklären; man kann mit ihr flirten – aber vergiss nicht, mit wem du flirtest. Sünde ist eine Verabredung mit der Hölle, und wie sehr die Hölle sich auch als Freund ausgeben mag, sie hasst dich mit einer Leidenschaft, die mich schaudern macht.*
>
> Gary Thomas

> *Ja, kehrt von ganzem Herzen zu mir um! Zerreißt nicht nur eure Kleider als Zeichen der Trauer!" Kommt zurück zum Herrn, eurem Gott, denn er ist gnädig und barmherzig, seine Geduld ist groß und seine Liebe grenzenlos. Er ist bereit, euch zu vergeben und euch nicht zu bestrafen.*
>
> Joel 2,12.13

Wenn Sie die Reise beginnen

Wir alle aber stehen mit unverhülltem Gesicht vor Gott und spiegeln seine Herrlichkeit wider. Der Herr verändert uns durch seinen Geist, damit wir ihm immer ähnlicher werden und immer mehr Anteil an seiner Herrlichkeit bekommen.

PAULUS, 2. KORINTER 3,18

Haben Sie schon einmal bemerkt, dass Ehepartner, die sehr lange verheiratet sind, nicht selten einander ähnlich sehen? Es ist ein Phänomen, das immer wieder zu beobachten ist.

Wie kommt das? Wissenschaftliche Untersuchungen gehen davon aus, dass Menschen, die lange sehr eng zusammenleben, anfangen, unbewusst die Mimik des anderen zu imitieren. Über die Jahre kann das dazu führen, dass die Gesichtszüge sich ähnlich werden.

Vielleicht ist der Prozess, in dem wir Jesus ähnlich werden, damit vergleichbar. Wir orientieren uns an seinen Grundhaltungen und Eigenschaften; sie formen unsere Persönlichkeit, unser Herz, unsere Seele, bis, vielleicht nur sehr entfernt, etwas von seinen Wesenszügen an uns sichtbar wird.

Es mag etwas seltsam klingen, aber es ist meine Erfahrung: Die Arbeit an diesem Buch hat mich verändert. Ich musste mich intensiv mit Jesus und den inneren Haltungen, die sein Leben prägten, auseinander setzen. Ich habe die Schriften der Klassiker des geistlichen Lebens zu diesem Thema studiert. Diese Auseinandersetzung wurde für mich zu einer persönlichen Herausforderung. Ich habe erlebt, dass ich in Bereichen, in denen ich schon lange resigniert hatte und wo ich gleichgültig geworden war, eine Erneuerung und Veränderung erfuhr.

Zwei Einsichten haben mich besonders bewegt.

Erstens: Wirkliche Veränderung *ist möglich*. Sie geschieht nicht von jetzt auf gleich. Ich sollte nicht erwarten, dass Gott mich in einem „magischen Moment“ ein für allemal aus einem Durchschnittsmenschen in einen Heiligen verwandelt. Aber: Es gibt begründete Hoffnung, dass ich durch allmähliche innere Wandlung und Wachstum tatsächlich Jesus ähnlicher werde.

Und zweitens: Die Grundhaltungen Jesu sind ein Übungsfeld. Wie in der Liebe gibt es in all diesen Haltungen nie ein Höchstmaß, das man erreichen kann. Lieben kann man nie genug. Es gibt immer Wachstumspotenzial. Ich werde wohl kaum jemals total demütig *sein*; aber ich kann Demut *einüben*. Ich werde nie die Großzügigkeit in Person sein, aber ich kann es üben, großzügig zu sein. Als ich das verstanden hatte, fühlte ich mich frei von dem Perfektionismus, der meine ersten Jahre als Christ oft belastet hat. Diese Erkenntnis hat mir geholfen, meinen Glauben mehr auf Gott zu richten als auf das, was ich selbst vollbringe. Jesus erwartet von mir, dass ich seinem Ruf folge – und das Ergebnis ihm überlasse.

Lieben kann man nie genug. Es gibt immer Wachstumspotenzial.

Diese beiden Einsichten erinnern mich daran, dass jedes Bemühen um ein Wachsen und Reifen meiner Person unter der Gnade geschieht. Jesus ähnlich zu werden ist keine extravagante Leistung, die wir für einen fordernden und tyrannischen Vater zu erbringen haben. Es ist eine lebensbejahende und die Seele beglückende Einladung, ein integrer Mensch mit einer reifen Persönlichkeit zu werden – eben der Mensch, der ich nach Gottes Willen sein soll.

Weil die Gnade das Vorzeichen bildet, gibt es für die Bereiche meines Lebens, die noch nicht dem Wesen Jesu entsprechen, sowohl Vergebung als auch Hoffnung auf Veränderung. Weil die Gnade das Vorzeichen ist, bin ich den unschönen Aspekten meiner Person nicht hilflos ausgeliefert. Heilung, Erneuerung, Neu-Schöpfung sind möglich.

Und dann geschieht es vielleicht eines Tages, dass jemand mir begegnet – oder Ihnen – und vielleicht nicht sofort an Jesus denkt, aber doch durch diese Begegnung an etwas erinnert wird und vielleicht anfängt, nachzudenken und irgendwann feststellt, dass es in dieser Begegnung einen Hinweis, einen Schatten, ein noch so leises Echo davon gab, dass Gott im Leben von Menschen tatsächlich am Werk ist.

Wir können uns jetzt auf den Weg machen. Und vielleicht werden wir eine Überraschung erleben. Denn irgendwo auf diesem Weg wird die Ewigkeit uns einholen, und das, was wir suchen, wird Wirklichkeit werden. Johannes sagt, diese Welt wird von uns abfallen und wir werden wirklich neue Menschen sein: „Wir wissen, dass wir ihm ähnlich sein werden, wenn er offenbar wird; denn wir werden ihn sehen, wie er ist. Jeder, der dies von ihm erhofft, heiligt sich, so wie er heilig ist" (1. Johannes 3,2.3).

Was hindert Sie, heute aufzubrechen?

Anmerkungen

Kapitel 1:

[1] Lewis, C. S., *Dienstanweisung an einen Unterteufel* (Moers: Brendow, 1995) S. 65.

Kapitel 3:

[1] Lewis, a.a.O., S. 13.

Kapitel 4:

[1] Calvin, Johannes, *Unterricht in der christlichen Religion,* II.2.11.
[2] Edwards, Jonathan, *Religious Affections* (Minneapolis: Bethany, 1996), S. 128.
[3] Murray, Andrew, *Humility* (Springdale:, P.A.: Whitacker House, 1982), S. 24.
[4] Kreeft, Peter, *Back to Virtue* (San Francisco: Ignatius Press, 1992), S. 87.
[5] Lewis, a.a.O., S. 70/1.

Kapitel 5:

[1] Guyon, Jeanne, *Experiencing the Depths of Jesus Christ* (Auburn, Maine: The Seedsowers, 1975), S. 39.
[2] Guyon, a.a.O., S. 43.
[3] Johannes Climacus, *The Ladder of Divine Ascent* (New York: Paulist Press, 1982), S. 72.

Kapitel 6:

[1] Johannes vom Kreuz, *John of the Cross: Selected Writings* (New York: Paulist Press, 1988), S. 72.
[2] Owen, John, *Sin and Temptation* (Minneapolis: Bethany, 1975), S. 122.
[3] Johannes vom Kreuz, a.a.O., S. 79.

Kapitel 7:

[1] Guyon, a.a.O., S. 103.
[2] Edwards, a.a.O., S. 9.
[3] Edwards, a.a.O., S. 10.
[4] Ebd.
[5] Johannes Climacus, a.a.O., S. 77.
[6] Owen, a.a.O., S. 84.
[7] Johannes Climacus, a.a.O., S. 287.

Kapitel 8:

[1] Allender, Dan; Longman, Tremper, *Bold Love* (Colorado Springs: NavPress, 1992), S. 101.
[2] Johannes Climacus, a.a.O., S. 172.
[3] Kreeft, Peter, a.a.O., S. 180.
[4] Von Aquin, Thomas, zitiert in Kreeft, a.a.O., S. 156.

Kapitel 9:

[1] Kreeft, a.a.O., S. 109.
[2] Lewis, a.a.O., S. 143.

Kapitel 10:

[1] Ryle, J. C., *Thoughts for Young Men* (Amityville, N.Y.: Calvary Press, 1996), S. 33.
[2] Johannes Climacus, a.a.O., S. 196.
[3] A.a.O., S. 115, 117.
[4] Owen, a.a.O., S. 122.
[5] Guyon, a.a.O., S. 74.
[6] Ryle, a.a.O., S. 48.

Kapitel 11:

[1] Williams, Drs. Redford und Virginia, *Anger Kills* (New York: Harper Perennial, 1994), S. xiii.
[2] Johannes Climacus, a.a.O., S. 216.
[3] Johannes Climacus, a.a.O., S. 234.
[4] Guyon, a.a.O., S. 140.

Kapitel 12:

[1] Edwards, a.a.O., S. 9.
[2] Johannes Climacus, a.a.O., S. 229.
[3] Edwards, a.a.O., S. 109.
[4] Howard, Peter, *Frank Buchman's Secret* (London: Heinemann, 1961), S. 26.
[5] Edwards, a.a.O., S. 113.

Kapitel 13:

[1] Stanwood, Paul G.; Warren, Austin (Hrsg.), *William Law: A Serious Call to a Devout and Holy Life* (New York: Paulist Press, 1982), S. 218.

Kapitel 14:

[1] Edwards, a.a.O., S. 144.

Kapitel 16:

[1] Edwards, a.a.O., S. 174.
[2] Ebd., S. 179.
[3] Ebd., S. 179-180.
[4] Ebd., S. 181.
[5] Ryle, a.a.O., S. 64.
[6] Johannes vom Kreuz, a.a.O., S. 72.

Kapitel 17:

[1] Johannes Climacus, a.a.O., S. 141.
[2] Kreeft, a.a.O., S. 101.

Der Autor

Gary Thomas ist Autor und international gefragter Referent zu Fragen des christlichen Lebens. Seine Bücher wurden in zahlreiche Sprachen übersetzt. Er lebt mit seiner Familie in Bellingham, Washington, USA.
Besuchen Sie ihn auf seiner Homepage:
www.garythomas.com